García Lorca | La casa de Bernarda Alba

Lektüreschlüssel für Schülerinnen und Schüler

Federico García Lorca
La casa de Bernarda Alba

Von Renate Mai

Reclam

Dieser Lektüreschlüssel bezieht sich auf folgende Textausgabe in der Originalsprache: Federico García Lorca: La casa de Bernarda Alba. Hrsg. von Michael Völpel. Stuttgart: Reclam, 2004 [u. ö.]. (Reclams Universal-Bibliothek. 9129.)

RECLAMS UNIVERSAL-BIBLIOTHEK Nr. 15440

Gestaltung: Cornelia Feyll, Friedrich Forssman
Gesamtherstellung: Reclam, Ditzingen. Printed in Germany 2014
RECLAM, UNIVERSAL-BIBLIOTHEK und
RECLAMS UNIVERSAL-BIBLIOTHEK sind eingetragene Marken der Philipp Reclam jun. GmbH & Co. KG, Stuttgart
ISBN 978-3-15-015440-3

Auch als E-Book erhältlich

www.reclam.de

Inhalt

1. Erstinformation zum Werk

La casa de Bernarda Alba ist García Lorcas letztes Werk. Es entstand zwischen 1934 und 1936. Erst 1945 wurde es in Buenos Aires uraufgeführt. Wie auch bei den *Bodas de sangre* stammt der Stoff aus dem realen Umfeld des Dichters. García Lorca erzählt Carlos Morla Lynch, dass er eine Familiensituation wie die der *Casa de Bernarda Alba* in dem Dorf Valderrubio bei Granada, das damals noch Asquerosa hieß, beobachtete. In dem Nachbarhaus der Familie von García Lorca wohnte eine Witwe, die ihre ledigen Töchter tyrannisch und unerbittlich überwachte. Der Name der Witwe war allerdings nicht Bernarda, sondern Frasquita Alba. Die Töchter gingen immer schwarz gekleidet. Als Junge spionierte er die Familie aus. Er bezeichnet die Atmosphäre dieses Hauses als »stumme und kalte Hölle« (*infierno mudo y frío*) und als »Grab von Lebenden unter der unbeugsamen Zuchtrute eines dunklen Zerberus« (*sepultura de gente viva bajo la férula inflexible de cancerbero oscuro*) (nach Morla Lynch, 534). Nach anderen Quellen soll es in diesem Haus dann zu Eifersüchteleien wegen der Heirat der ältesten Tochter mit einem gewissen Pepe de la Romilla, der gleichzeitig Freund der jüngsten Tochter war, gekommen sein (Rubia Barcia, 388). Hieraus ergibt sich schon der grobe Inhalt des Dramas.

Stoff: Situation in einer andalusischen Familie

uraufführen: estrenar
Stoff: el tema
unerbittlich: sin piedad
Eifersüchteleien: los celos y rivalidades

2. Inhalt

1. Akt: Bernarda und ihre Töchter

Der **erste Akt** beginnt mit einem Gespräch zwischen La Poncia, der Haushälterin Bernardas, und dem Dienstmädchen. Sie entwerfen ein äußerst negatives Bild von Bernarda und ihrem gerade verstorbenen Mann. Dann erscheint die 60jährige Bernarda mit Frauen aus dem Dorf. Nach den gemeinsamen Fürbitten für den Verstorbenen verlassen diese das Haus. Bernarda schließt ihre fünf Töchter für acht Trauerjahre ins Haus ein, wie es die Tradition ihrer Familie fordert. Schon gleich zu Beginn kreist das Gespräch von Bernarda und La Poncia um die sexuellen Ausschweifungen von Paca La Roseta. Aber auch die Heiratschancen der Töchter werden angesprochen. Es wird klar, dass Bernarda für sie im Dorf keine von der sozialen Schicht her passenden Männer sieht. Die Gespräche der Töchter untereinander kreisen ebenfalls um die Männer. Als Beispiel für männliches Verhalten wird Adelaidas Bräutigam genannt, der sie nicht aus dem Haus lässt. Adelaidas Vater hat eine düstere Vergangenheit. Insgesamt zeichnen die Töchter ein negatives Bild von den Männern. Allerdings erfahren wir auch, dass Martirio schon einmal einen Bewerber namens Enrique Humanas (in einigen Textaus-

entwerfen: presentar
Fürbitten für: hier: los responsos por
Trauerjahr: el año de luto
Ausschweifungen: los desenfrenos
Heiratschancen: las perspectivas de casarse
soziale Schicht: la clase social
Bewerber: el pretendiente

gaben: Humanes) hatte, der sich aber nicht mehr blicken ließ. Magdalena bringt dann als neueste Nachricht, dass der 25jährige Pepe el Romano um die Hand der 39jährigen Angustias, der ältesten Tochter Bernardas, anhalten wird. Durch das Erbe ihres Vaters, des ersten Ehemannes von Bernarda, ist sie die reichste der fünf Töchter. Die Botschaft von der bevorstehenden Verbindung wird von den Schwestern mit missgünstigen Kommentaren über Alter und Aussehen der Braut begleitet. Am Ende dieses Aktes erscheint die irre Mutter Bernardas auf der Bühne, die den Töchtern prophezeit, dass keine von ihnen heiraten werde. Sie selbst allerdings wolle am Meeresufer heiraten.

2. Akt: Adelas Treffen mit Pepe

Im **zweiten Akt** wird deutlich, dass sich auch Adela, die jüngste Tochter Bernardas, nachts mit Pepe trifft. Zu Beginn des zweiten Aktes spricht Angustias über ihre erste Begegnung mit Pepe am Fenstergitter. Aus der Unterhaltung ergibt sich, dass Pepe el Romano sich anscheinend zweimal verabschiedete: einmal laut Amelia um halb zwei Uhr nachts von Angustias und noch einmal laut La Poncia um vier Uhr morgens. Trotz des Einwandes von Angustias sind sich La Poncia und auch Amelia sicher, dass er es war. Dann gibt La Poncia ihre ersten Erfahrungen mit ihrem Ehemann zum Besten. Immer wieder wird auf die innere Unruhe Adelas verwiesen. Diese wird dann auch von La

Erbe: la herencia
missgünstig: malévolo/a
sich aus etwas ergeben: resultar de algo
anscheinend: al parecer
innere Unruhe: el desasosiego

Poncia zur Rede gestellt wegen ihrer augenscheinlichen Beziehung mit Pepe el Romano. La Poncia warnt sie und rät ihr abzuwarten, bis er nach der Hochzeit mit Angustias wieder frei werde, da Angustias ohnehin nach der ersten Entbindung sterben werde. Aber Adela zeigt im Gespräch mit La Poncia, dass sie keineswegs gewillt ist, sich an irgendwelche Moralvorstellungen zu halten. Die sexuell aufgeladene Atmosphäre findet ihren Ausdruck in der Ankunft der Schnitter (*segadores*), die von den Frauen vom Fenster aus beobachtet werden. Dann wendet sich die Blickrichtung wieder nach innen, zu Martirio, die Angustias das Foto von Pepe el Romano entwendet hat. Es kommt zu einer heftigen Auseinandersetzung zwischen den Schwestern, die von Bernarda brutal beendet wird. La Poncia warnt Bernarda vor der kommenden Katastrophe. Im Gespräch zwischen Bernarda und La Poncia wird klar, dass Bernarda Enrique Humanas verboten hatte, weiter um Martirio zu werben, weil er ihr wegen seiner niedrigen sozialen Herkunft nicht passte. La Poncia weist darauf hin, dass ihr Sohn Pepe el Romano noch um halb fünf Uhr morgens am Haus gesehen habe, obwohl Angustias betont, dass er sich immer um ein Uhr nachts verabschiedete. Bernarda forscht nicht weiter nach, gelobt aber, nun Tag und Nacht die Augen offen zu halten. Als Adela und Martirio allein sind, kommt es zum offenen Konflikt zwischen den beiden. Zur Rede gestellt, gesteht Adela ihrer Schwes-

sich an Moralvorstellungen halten: respetar los preceptos morales
sexuell aufgeladen: lascivo/a
heftige Auseinandersetzung: la riña enardecida
warnen vor etwas: advertir de algo

ter ganz aufgewühlt ihre Leidenschaft für Pepe (»He sido como arrastrada por una maroma«, 57,17 f.). Vergeblich bittet sie um Martirios Verständnis. Der Akt endet mit einem Ereignis von außen: eine Kindsmörderin, die Tochter der Librada, wird von einer Horde johlender Männer gelyncht.

3. Akt: Adelas Selbstmord

Im **dritten Akt** schließlich kommt es zur Offenbarung des Verhältnisses von Pepe und Adela und zur offenen Rebellion Adelas gegen Bernarda. Der Akt beginnt mit einem Besuch von Prudencia. In welchem Verhältnis sie zu Bernarda steht, wird nicht klar. Die beiden scheinen sich aber schon länger zu kennen, da sie über ihre jeweiligen Verhältnisse bestens im Bilde sind. Prudencia leidet darunter, dass ihr Mann ihre Tochter verstoßen hat. Bernarda billigt sein Verhalten. Während des Besuchs gibt es bereits deutliche Hinweise auf die kommende Katastrophe: Der Hengst tobt im Stall, Angustias zeigt den Verlobungsring mit Perlen, die nach dem Volksglauben Tränen bedeuten. Nachdem Prudencia gegangen ist, versucht Bernarda im Gespräch mit ihren Töchtern und La Poncia zu zeigen, dass sie alles im Griff hat. Auch als Angustias ihrer Mutter offenbart, dass sie bei Pepe ein ungutes Gefühl hat, geht Bernarda nicht darauf ein. Nach und nach ziehen sich alle zurück. La Poncia und das Dienstmädchen bleiben als letzte

aufgewühlt: excitado/a
Kindsmörder/Kindsmörderin: el/la infanticida
lynchen: linchar
es kommt zur Offenbarung: se hace patente
jdn. verstoßen: repudiar a alg.
Hinweis auf etwas: el indicio de algo

auf der Bühne und kommentieren die Lage. Es wird klar, dass viele im Dorf Bescheid wissen über Adelas und Pepes nächtliche Treffen (69,22–24). Nachdem alle zu Bett gegangen sind, erscheint als erste wieder die irre Großmutter auf der Szene. Sie trägt ein Schaf auf dem Arm, dem sie ein Wiegenlied singt. Dann schleicht Adela herein, die sofort in den Hof geht, und schließlich erscheint Martirio, die Adela zurückholt und sie vergeblich zu überzeugen versucht, von Pepe abzulassen. Auch Martirio bekennt ihre Liebe zu Pepe. Als Adela wieder in den Hof zurückwill, weil ein Pfiff ertönt ist, versperrt Martirio ihr die Tür und ruft Bernarda. Nun kommt es zur offenen Rebellion Adelas gegen Bernarda. Diese geht, gefolgt von Martirio, mit dem Gewehr nach draußen, um Pepe zu erschießen. Er entkommt jedoch. Martirio belügt Adela, indem sie ihr den Tod Pepes mitteilt. Daraufhin begeht Adela Selbstmord. Bernardas einzige Reaktion auf den Tod ihrer Tochter ist der Befehl zu schweigen und die Aufforderung, Adelas jungfräulichen Tod zu bezeugen.

entkommen: escaparse
Selbstmord begehen: suicidarse

3. Personen

Die Personen des Dramas werden über verschiedene dramaturgische Techniken charakterisiert: Indirekte Charakterisierung über den Dialog oder auch die Meinungen der anderen Personen, Selbstcharakterisierung, Charakterisierung über ihr Handeln und ihre Sprache, Charakterisierung über ihre Bewegungen und auch Charakterisierung über Objekte, die mit ihnen verknüpft werden.

Fremdcharakterisierung Bernardas

So wird **Bernarda** bereits vorgestellt, bevor sie auf der Szene erscheint. Im Dialog der beiden Angestellten erscheint sie nicht nur als autoritär und herrschsüchtig, sondern auch als falsch und heuchlerisch. Hinzu kommt ihr unmenschlicher Geiz. Die Frauen auf der Trauerfeier sprechen von ihr als einer Frau, die andere mit ihrer Kritik vernichtet. Auch die Töchter bemerken, dass die Mutter überall in der Nachbarschaft gefürchtet ist. Bernarda wird außerdem als »geil« bezeichnet (»La Poncia. ¡Sarmentosa por calentura de varón!«, 13,12 f.), und dies, nachdem sie gerade betont hat, dass die Frauen in der Kirche sich nicht nach den Männern umschauen dürfen (13,8–10). Diese Fremdcharakterisierungen werden durch

Charakterisierung: la caracterización
Selbstcharakterisierung: la autocaracterización
Handeln: la actuación
herrschsüchtig: despótico/a
heuchlerisch: hipócrita
unmenschlich: inhumano/a
Geiz: la mezquindad

Bernardas Verhalten

Bernardas Verhalten bestätigt. So lässt sie sich gern die schlüpfrigen Sexskandalgeschichten, die »draußen« stattfinden, von La Poncia detailliert berichten und scheint sich daran zu delektieren, wie z. B. an der Geschichte von Paca la Roseta. Sie zieht sie geradezu aus La Poncia heraus, die sich eher sträubt, sie wiederzugeben. Auch die Lynchjustiz an der jungen Mutter, die ihr Kind getötet hat, wird von ihr sexuell konnotiert angeheizt (»¡Carbón ardiendo en el sitio de su pecado!«, 58,19 f.). Ergänzend zu dieser lüsternen Anteilnahme an fremden Verfehlungen, die alle mit der Verletzung der Sexualmoral zu tun haben, steht die rigorose Sexualfeindlichkeit, die sie ihren Töchtern gegenüber an den Tag legt. Bernarda versucht rücksichtslos, ihre ideologischen Vorstellungen durchzusetzen und nimmt dadurch ihr Umfeld nicht wahr. Wenn es ihr opportun erscheint, greift sie auch zu körperlicher Gewalt. Sie reißt Adela den bunten Fächer aus der Hand, sie schlägt Angustias, weil diese den Männern nachgeschaut hat, sie schlägt Martirio, die das Bild von Pepe entwendet hat. Auch Adela versucht sie zu schlagen. Das Kennzeichen Bernardas ist ihr Stock. Als er am Ende des Dramas von Adela zerbrochen wird, bedeutet dies auch, dass Bernarda

schlüpfrig: obsceno/a
Lynchjustiz: el linchamiento
anheizen (fig.): estimular
lüstern: lascivo/a
Anteilnahme: el interés
Sexualfeindlichkeit: la actitud antisexual
etwas durchsetzen: imponer algo
Kennzeichen: el atributo

mit ihrem Anspruch der totalen Herrschaft über ihre Töchter gescheitert ist. So mächtig Bernarda von den anderen wahrgenommen wird, so hilflos und schwach wirkt sie letztlich. Verzweifelt versucht sie den Anschein der Ehrbarkeit und Untadeligkeit ihres Hauses nach außen zu wahren. Genauso wie die anderen vor ihrer üblen Nachrede Angst haben, hat sie Angst vor der Nachrede der anderen (»La Poncia. Contaban muchas cosas más. – Bernarda (*mirando a un lado y otro con cierto temor*). ¿Cuáles?«, 20,18–20). Die Angst, Gegenstand des Klatsches zu sein, bestimmt ihr gesamtes Handeln. Die Bedrohung geht für sie von der Außenwelt aus: »pueblo de pozos, donde siempre se bebe el agua con el miedo de que esté envenenada« (15,25–27). Ihre alte Mutter darf nicht in die Nähe des Brunnens, nicht etwa, weil das gefährlich wäre, sondern weil die Nachbarinnen sie dort sehen könnten (18,8 f.). So ist auch im zweiten Akt, als Martirio Pepes Bild versteckt hat, Bernardas Hauptangst, dass die Nachbarinnen alles hören könnten (48,9 f.). Der schlechte Ruf bewirkt den (sozialen) Untergang (»Hay a veces una ola de fango que levantan los demás para perdernos«, 56,7 f.). Ihre Hilflosigkeit erstreckt sich nicht nur auf die Angst vor dem *Qué dirán*, sondern auch auf die Angst vor dem Verlust der Autorität im Inne-

Bernardas Angst vor den anderen

hilflos: desamparado/a
üble Nachrede: la difamación
Angst haben vor: tener temor (m.) a
Klatsch: el chismorreo, la murmuración
Untergang: la ruina
Hilflosigkeit: el desamparo

ren des Hauses. Entlarvend ist ihr Ausbruch nach dem zersetzenden Streit der Töchter wegen des gestohlenen Bildes:

> ¡Ay, qué pedrisco de odio habéis echado sobre mi corazón! Pero todavía no soy anciana y tengo cinco cadenas para vosotras y esta casa levantada por mi padre para que ni las hierbas se enteren de mi desolación. ¡Fuera de aquí! (*Salen. Bernarda se sienta desolada. [...]*) (50,19–51,1)

Bernardas Verzweiflung

Hier erscheinen die Wörter *desolación* (Verzweiflung) und *desolado* (verzweifelt). Das ist einer der wenigen Augenblicke, in denen Bernarda ihre Angst nach außen hin zeigt. Aber sie fasst sich schnell wieder und kehrt zu ihrer alten aufbrausenden und dominanten Art zurück. Gefühle wie Liebe oder Mitleid gehen Bernarda völlig ab. Ihre Genugtuung, die sie unter dem Deckmäntelchen der eigenen Ehrbarkeit kaschiert, liegt in fremdem Unglück. Frustration und Hass sind ihre Charaktermerkmale. Hinzu kommt ein Klassendünkel, der aber nicht ihrer ökonomischen Situation entspricht.

Bernardas autoritäre Persönlichkeit

García Lorca entwirft in der Person der Bernarda das Psychogramm einer autoritären Persönlichkeit. Traditionell wird eine solche Persönlichkeit eher mit Männern verknüpft. So findet sich auch bei vielen Interpreten des Werks der Hinweis auf Bernardas »männliche« Rolle. Das Hauptmerkmal solcher Persönlichkeiten

zersetzender Streit: la riña demoledora
aufbrausend: colérico/a
Ehrbarkeit: la honradez
Klassendünkel: la arrogancia de clase
Psychogramm: el psicograma

ist die nach außen demonstrierte Selbstsicherheit, mit der strikte Regeln dominant vertreten und durchgesetzt werden. Bernardas wahrer Beweggrund für dieses autoritäre Verhalten ist jedoch Angst: Angst vor dem sozialen Umfeld und Angst, sich nicht durchsetzen zu können. Insofern scheint auch für Bernarda der Selbstmord und Tod ihrer jüngsten, rebellischen Tochter eher eine Erleichterung zu sein, weil ihre Herrschaft nun nicht mehr bedroht wird. Ihre Aussage »Nos hundiremos todas en un mar de luto« (80,5f.) verweist auf den Beginn des Dramas, als sie den Töchtern die Trauer verordnet. In dieser Trauerzeit mit ihren festen Regeln liegt ihre Herrschaft begründet.

Adela ist die jüngste von Bernarda Albas Töchtern. Sie hebt sich von den anderen Töchtern durch die ihr beigegebenen Symbole ab. Gleich nach dem Weggang der trauernden Frauen verlangt Bernarda nach einem Fächer. Adela reicht ihr einen rot-grün geblümten (Symbol für Liebe und Leben), den Bernarda vor Wut mit dem Hinweis auf ihren Witwenstatus zu Boden wirft (16,6–10). Entgegen dem Befehl der Mutter, Trauerkleidung anzulegen, trägt sie ein grünes Kleid (25,7). Die Farbe Grün ist allerdings doppeldeutig: Zum einen ist Grün als die Farbe der erwachenden Natur Symbol des Lebens, der Jugend und der Fruchtbarkeit, gegenüber Schwarz, dem Symbol des Todes. Zum anderen wird die Farbe Grün bei García Lorca aber auch mit dem

Farbsymbolik

Erleichterung: el alivio
Herrschaft: el dominio, el poder
sich abheben von: diferenciarse de

Tod assoziiert (Doménech 1985,205). So interpretiert Doménech das Grün von Adelas Kleid als Vorausdeutung ihres Todes und des Todes ihres ungeborenen Kindes, das dann auch – wie Adela selbst – ein *hijo víctima* wäre (Doménech 1985,207). Allerdings bleibt fraglich, ob Adela überhaupt von Pepe schwanger ist, trotz eines so interpretierbaren Hinweises am Ende des ersten Aktes:

Adelas mögliche Schwangerschaft

> Bernarda (*bajo el arco*). ¡Acabad con ella antes que lleguen los guardias! ¡Carbón ardiendo en el sitio de su pecado! – Adela (*cogiéndose el vientre*). ¡No! ¡No! (58,18–21)

Viele Autoren nehmen – wohl aufgrund dieser Textstelle – die Schwangerschaft als gegeben an. Die Textstelle kann aber auch so verstanden werden, dass Adela ein ähnliches Schicksal fürchtet wie das der Tochter der Librada, der Kindsmörderin, falls es bei ihr zu einer Schwangerschaft kommen sollte.

Adelas Rebellion

Adelas Haltung gegenüber der verordneten Trauer ist von Anfang an die Rebellion (»No me acostumbraré. Yo no puedo estar encerrada«, 28,15 f.). Der Zuschauer bekommt auch schon im ersten Akt ziemlich deutlich gezeigt, dass Adela ein Verhältnis mit Pepe el Romano hat; dies wird sichtbar an ihrer Reaktion auf die Mitteilung Magdalenas, dass Pepe el Romano um Angustias' Hand anhalten wird: »(*con emoción contenida*). Pero Pepe el Romano … (27,24 f.) […]

Haltung: la actitud
verordnen: imponer

¡Pero si no puede ser!« (28,3). Immer wieder betont sie ihre körperlichen Vorzüge gegenüber ihren älteren Schwestern (»No quiero que se me pongan las carnes como a vosotras«, 28,16 f.). Auch spielt sie auf den Buckel Martirios an (38,23 f.). La Poncia, die sie zur Rede stellt, gesteht sie freimütig ihre Leidenschaft für Pepe (39–41). Besonders deutlich wird ihre sexuelle Abhängigkeit von Pepe in ihrem Bekenntnis gegenüber Martirio: »Yo no quería. He sido como arrastrada por una maroma« (57,17 f.). Wenn gelegentlich der Eindruck entsteht, dass Adela die Repräsentantin der Freiheit gegenüber Bernardas Autoritarismus ist, weil sie z. B. zu Martirio sagt: »¡Yo hago con mi cuerpo lo que me parece!« (38,13 f.) oder zu Bernarda im dritten Akt: »¡Aquí se acabaron las voces de presidio!« (77,19 f.), so wird doch auch überdeutlich, dass Adela eine Getriebene ist, die keinesfalls aus dem Wunsch nach Freiheit handelt. Sie wechselt nur den Herrn. Gegenüber Martirio bekennt sie: »Seré lo que él quiera que sea« (76,8 f.). Die Rebellion gegen Bernarda endet mit dem Satz: »En mí no manda nadie más que Pepe« (77,22 f.). Aufgrund von Martirios Lüge, dass Pepe el Romano von Bernarda erschossen worden sei, begeht Adela Selbstmord. Diese Tat entspricht ihrer vorher mehrfach bekundeten Abhängigkeit von Pepe, ohne den sie nicht leben will. Daher ist dieses Ende letztlich ein zwangsläufiger Abschluss einer gesellschaftlich nicht ak-

Adelas Abhängigkeit von Pepe

Abhängigkeit: la dependencia
Getriebener/Getriebene: una víctima de sus impulsos

zeptierten Liebesbeziehung. Es steht im Grunde ganz in der klassischen Tradition. Auch hier enden gesellschaftlich anrüchige Beziehungen häufig mit Selbstmord wegen des irrtümlich angenommenen oder tatsächlichen Todes des/der Geliebten (*Los amantes de Teruel*, Romeo und Julia, Calixto und Melibea in *La Celestina*). Rogmann (148) dagegen sieht den Selbstmord Adelas als nicht in der »Logik der Handlung« liegend an.

Adela: Kein tragischer Charakter

Adela kann nicht als tragischer Charakter angesehen werden. In einem tragischen Charakter gibt es immer eine Spannung zwischen Pflicht und Neigung. Adela ist in dieser Hinsicht völlig eindimensional und unbeeinflussbar. Sie sieht kein Problem darin, ihrer Schwester den Mann wegzunehmen oder gegen die herrschenden Sitten zu verstoßen. Insofern gibt es in ihrem Charakter – hierin vergleichbar mit Bernarda – keine Skrupel und keinerlei Entwicklung.

La Poncias ambivalente Haltung

La Poncia ist auf den ersten Blick von allen Frauengestalten die intakteste. Sie vereinigt in sich Werthaltungen von Adela und Bernarda, auch sie wendet sich gegen Ber-

Liebesbeziehung: la relación amorosa
Pflicht: el deber
Neigung: la inclinación, el deseo
eindimensional: unidimensional
unbeeinflussbar: no influenciable
gegen etwas verstoßen: faltar a algo
die herrschenden Sitten: la moral y las buenas costumbres
sich gegen etwas/jdn. wenden: oponerse a algo/alg.

nardas Zwang, indem sie beispielsweise versucht, die Prügel von den Töchtern abzuwenden (z. B. 19,12). Dass sie Bernarda hasst, erfährt der Zuschauer gleich in der zweiten Szene, im Gespräch La Poncias mit dem Hausmädchen (6–8), dennoch versucht sie, eine Art Loyalität gegenüber Bernarda zu wahren (»Pero yo soy buena perra«, 8,6). Sie ist auch die einzige, die ein offenes Wort wagt: »tú no has dejado a tus hijas libres« (52,16). Wie Adela fühlt auch sie, dass der natürliche Trieb nicht unterdrückt werden sollte und sieht insofern in Adela die richtige Frau für Pepe (54,8 f.). Wie Bernarda akzeptiert aber auch sie die gesellschaftliche Moral (»quiero vivir en casa decente«, 40,20 f.), wie Bernarda geht sie davon aus, dass der Naturtrieb durch Willenskraft zu beherrschen ist (»si Pepe el Romano te gusta, te aguantas!«, 39,28 f.). La Poncia wird gezeichnet als eine Person einfacher Herkunft, die aufgrund ihrer Verwurzelung im Volk über das verfügt, was man als »gesunden Menschenverstand« bezeichnen könnte. Insofern stehen ihr auch einfache volkstümliche Erklärungsmuster, die sich auf Evidenzen stützen,

La Poncias Verwurzelung im Volk

Zwang: la coacción
Trieb: los impulsos (Sexualtrieb: el impulso/instinto sexual)
Naturtrieb: el impulso natural
Willenskraft: la fuerza de la voluntad
Verwurzelung: el arraigo
gesunder Menschenverstand: el sentido común
einfache volkstümliche Erklärungsmuster: la sabiduría popular (Volksweisheit)

zur Verfügung. Aber auch La Poncias Denken ist nicht frei von Zwängen, die ihr das gesellschaftliche Umfeld auferlegt. Letztlich hat sie Angst vor dem Verlust der gesellschaftlichen Ehre, da Bernarda weiß, dass sie unehelicher Herkunft ist und ihre Mutter im Bordell endete. In La Poncia vereinen sich also Aspekte von Bernarda und Adela: Einerseits vertritt sie Bernardas Linie der Aufrechterhaltung der gesellschaftlich vorgegebenen Moral gegenüber Adela, indem sie diese auffordert, von Pepe el Romano zu lassen – aber sie deckt sie auch. Andererseits versucht sie, Bernarda die Augen zu öffnen für die Problematik ihrer Töchter, ja sie spricht sogar offen aus, dass sie Adela für die geeignetere Frau für Pepe el Romano hält (»¿A ti no te parece que Pepe estaría mejor casado con Martirio o …, ¡sí!, con Adela?«, 54,4–6, und dann noch deutlicher: »Adela. ¡Esa es la verdadera novia del Romano!«, 54,8 f.). Indem La Poncia die Ansicht vertritt, dass sich die natürlichen Triebe nicht aufhalten lassen und es daher sinnlos ist, sich dagegen aufzulehnen, sie aber andererseits doch versucht, den Dingen durch Überzeugungsarbeit eine andere Richtung zu geben, nimmt sie eine Mittelposition zwischen den Polen »biologische Determiniertheit« auf der einen und »Willensfreiheit« auf der anderen Seite ein.

Die Figur der Poncia ist aber noch breiter gefächert, da

jdm. steht etwas zur Verfügung: alg. dispone de algo, tiene algo a su disposición
unehelich: ilegítimo/a
Aufrechterhaltung: el respeto (a)
Überzeugungsarbeit: la persuasión
biologische Determiniertheit: la determinación biológica
Willensfreiheit: el libre albedrío

sie auch die komische Rolle der Bediensteten verkörpert. Besonders kommt dies in ihrer Beschreibung des Pfarrers bei der Totenmesse (9,10–19) und der ihres ehelichen Zusammenlebens mit ihrem verstorbenen Mann, Evaristo el Colín, zum Ausdruck (36,10–37,14). Sie gibt einige Volksweisheiten zum Besten und brüstet sich damit, ihren Ehemann geschlagen zu haben und seine Stieglitze aus Wut über eine Bemerkung mit dem Mörser zerstampft zu haben.

Komische Aspekte La Poncias

María Josefa, die 80jährige Mutter Bernardas, kann äußern, was ihr in den Sinn kommt, da sie als verrückt gilt. Auf sie trifft der Spruch zu, dass Kinder und Narren die Wahrheit sagen. Für sie gilt auch keine Kleiderordnung. Sie schmückt sich mit Blumen. Allerdings soll sie in ihrer Verrücktheit nicht von den Nachbarn gesehen werden, daher wird sie streng bewacht. Sie ist sozusagen das Sprachrohr des Unbewussten, weil sie die unterdrückten Wünsche und Sehnsüchte der Töchter Bernardas ausdrückt. Für Baker (7), der das Drama mit den Termini von C. G. Jung interpretiert, zeigt die spezifische Bildhaftigkeit der Sprache María Josefas, dass sie das kollektive Unbewusste verkörpert. Weiterhin sieht er in

María Josefa: Sprachrohr des Unbewussten

Volkweisheit: el refrán (Sprichwort)
sich mit etwas brüsten: presumir de algo
Kleiderordnung: las reglas de la indumentaria
Sprachrohr: el/la portavoz
das Unbewusste: el subconsciente
unterdrückte Wünsche: los deseos reprimidos
Sehnsucht (nach): el ansia (f.) (de)

ihr die Verkörperung der »magna mater« (große Mutter, Urgöttin; eine der Archetypen) (Baker, 8) und die Personifikation des ewig weiblichen Aspekts der Schöpfung, der verbunden ist mit dem Ozean als der Quelle des Lebens (Baker, 9). Baker bezieht sich dabei auf María Josefas Sehnsucht nach dem Meer. Offenkundig ist, dass die Figur der María Josefa eine Sonderrolle im Drama einnimmt. García Lorca nahm für sie – wie für Bernarda und ihre Töchter – ebenfalls eine reale Person aus seinem Umfeld zum Vorbild, wie Francisco García Lorca, der Bruder des Dichters, berichtet. Es handelte sich demnach um die Großmutter von entfernten Verwandten, die in einer Art erotischem Wahn lebte, und ständig in einer Rede voll mit Wiederholungen vor sich hin deklamierte (García Lorca, F., 377). Zu echten Gesprächen ist María Josefa nicht fähig, sie schreit heraus, was in den Frauen vorgeht: »me quiero casar«, »¡Quiero irme de aquí!«, »¡A casarme a la orilla del mar, a la orilla del mar!« (31). Sie artikuliert auch die Gier der Töchter nach einem Mann (»estas mujeres solteras rabiando por la boda«, 31,14 f.). Im dritten Akt erscheint sie mit einem Schaf auf dem Arm, das sie als ihr Kind bezeichnet. Sie schwärmt von einem idyllischen Familienleben von Männern und Frauen mit Kindern in offenen Häusern. Gleichzeitig prophezeit sie Bernarda Albas Töchtern, dass sie nie solches Glück genießen werden (71–74). So symbolisiert María Josefa die frustrierten

Reales Vorbild der Figur María Josefas

Verkörperung: la incarnación
Wahn: la manía
prophezeien: predecir

Sehnsüchte der Töchter. Francisco García Lorca (378) interpretiert die Figur der María Josefa etwas anders. Er sieht in ihr das entfesselte Bild von Bernarda, sozusagen ihre unbewusste Seite. Man könnte sie aber in ihrem grotesken Liebeswahn auch als eine Art Karikatur von Adela bezeichnen.

Die vier Schwestern von Adela – Angustias, Magdalena, Amelia und Martirio – sind durch ihre uniforme schwarze Kleidung für den Zuschauer schlecht zu unterscheiden. Dennoch heben sich zwei Schwestern durch ihre individuelle Geschichte von den anderen ab, nämlich Angustias und Martirio. **Angustias** nimmt eine Sonderstellung unter den Schwestern ein, weil sie die einzige ist, die aufgrund ihrer Erbschaft auf einen Ehemann hoffen kann. Ihre geplante Heirat mit Pepe el Romano ist eines der Hauptthemen des Stücks. Angustias wird gleich im ersten Akt als sehr interessiert an Männern vorgestellt (18 f.). Und ebenfalls im ersten Akt berichtet Magdalena, dass Angustias sich mit Pepe el Romano verheiraten werde. Den gehässigen Kommentaren ihrer Schwestern ist zu entnehmen, dass Angustias nicht nur »alt« (39 Jahre), sondern auch ausgesprochen hässlich und kränklich ist und näselt. Allein ihr Geld mache sie attraktiv (26 f.).

Angustias' Außenseiterposition

Angustias nimmt insofern eine Außenseiterposition unter den Schwestern ein, als sie das Kind Bernardas mit deren ers-

entfesselt: desencadenado/a
unbewusst: inconsciente
gehässig: malévolo/a
eine Außenseiterposition einnehmen unter: diferenciarse de

tem Mann ist. Dies bringt sie auch in einen Konflikt mit Bernarda, da sie nach der Erbteilung viel besser gestellt ist als die anderen Töchter. Bernarda sieht darin möglicherweise das Problem, die anderen standesgemäß zu verheiraten, wenngleich das so nicht explizit thematisiert wird.

BERNARDA. ¡Malditas particiones!
LA PONCIA. ¡Cuánto dinero le queda a Angustias!
BERNARDA. Sí.
LA PONCIA. Y a las otras, bastante menos.
BERNARDA. Ya me lo has dicho tres veces y no te he querido replicar. Bastante menos, mucho menos. No me lo recuerdes más (29,12–18).

Angustias' pragmatische Einstellung

Angustias hat ein sachlich-pragmatisches Verhältnis zu Liebe und Ehe, das der Leidenschaftlichkeit Adelas diametral entgegengesetzt ist. Das zeigt sich in ihrem Bericht über das erste Treffen mit Pepe el Romano (35). Sie weiß genau, dass sie nur wegen ihres Reichtums begehrt wird, aber das ist für sie kein Problem (»¡más vale onza en el arca que ojos negros en la cara!«, 34,7 f.). Allerdings deutet die Tatsache, dass sie sich schminkt und parfümiert, doch darauf hin, dass sie ihrem Verlobten auch wegen ihres Aussehens gefallen möchte. Es entgeht ihr nicht, dass in ihrer Beziehung zu Pepe etwas nicht stimmt (»Debía estar contenta y no lo estoy«, 65,1).

standesgemäß: conforme a su clase social
sachlich-pragmatisch: realista y prágmatico/a
Leidenschaftlichkeit: el apasionamiento
diametral entgegengesetzt: completamente opuesto/a
Aussehen: el aspecto físico

Aber sie stellt nichts in Frage und bleibt insofern systemkonform, als sie Bernardas Politik des Zudeckens missliebiger Erkenntnisse mitmacht. (»Bernarda. Eso es lo mismo«, 65,2). Sie ist die letzte, die Adelas Verhältnis mit Pepe el Romano zur Kenntnis nimmt und zwar erst nach deren öffentlichem Bekenntnis (77f.). Ihre Reaktion könnte genauso gut von Bernarda selbst stammen (»De aquí no sales tú con tu cuerpo en triunfo, ¡Ladrona! ¡Deshonra de nuestra casa!«, 78,10f.). Auch für sie steht, wie für Bernarda, der Ruf des Hauses und nicht etwa ihre enttäuschte Liebe an erster Stelle.

Genauso wie Angustias hebt sich auch **Martirio** durch ihr individuelles Schicksal sowie durch ihre Missgestalt – sie hat einen Buckel (38,24) – von den anderen Schwestern ab. Immerhin ist sie die einzige, die schon vor Angustias einen Bewerber hatte, der explizit beim Namen genannt wird: Enrique Humanas (24,1–7). Die Beziehung mit ihm wurde ohne ihr Wissen von Bernarda vereitelt, weil er für Bernarda von nicht standesgemäßer Herkunft war (»¡Mi sangre no se junta con la de los Humanas mientras yo viva! Su padre fue gañán«, 52,21–23). Martirio hingegen nimmt an, dass Enrique Humanas sich nicht mehr für sie interessierte. Von den Schwestern wirkt sie am verbittertsten und am unglücklichsten. Sie ist diejenige, die Adela am intensivsten belauert (38,21; 39,3; 46 u.a.) und der die Hitze (!) am meisten zusetzt

Martirios sexuelle Frustration

Missgestalt: la deformación
verbittert: amargado/a
belauern: acechar

(46,1). Sie versteckt das Bild Pepes in ihrem Bett (49,4f.), was zeigt, dass sie ihn ebenfalls begehrt. Auch ist sie neben La Poncia die einzige, die schon früh das Verhältnis von Pepe und Adela bemerkt. Als einzige der Schwestern stellt sie Adela zur Rede. Bereits Ende des zweiten Aktes konfrontiert sie Adela mit ihrem Hass und warnt sie vor einer Fortsetzung der Beziehung mit Pepe (57). Im dritten Akt sagt ihr Adela auf den Kopf zu, dass sie genauso rasend verliebt in Pepe ist wie sie (75,15f.) und Martirio gesteht ihr ihre Leidenschaft (»¡Sí! [...] ¡Le quiero!«, 75,17–20). Martirio ist genauso ein Opfer des Triebs wie Adela, aber ihr Trieb wird nicht befriedigt, er entlädt sich in Hass zuerst gegen die Männer, dann gegen Adela, der es gelingt, diesem Trieb zu folgen (»Martirio. Tengo el corazón lleno de una fuerza tan mala, que, sin quererlo yo, a mí misma me ahoga«, 76,24–26). Sie braucht sogar dieselben Worte wie Adela (»Adela. Yo no quería«, 57,17 – »Martirio. sin quererlo yo«, s.o.). Letztlich ist sie verantwortlich für Adelas Selbstmord, da sie wissentlich die Unwahrheit sagt und Pepe als tot bezeichnet: »Se acabó Pepe el Romano« (78,16). Martirios verzehrende Leidenschaft für Pepe wird durch ihren Kommentar zu Adelas Selbstmord deutlich: »Dichosa ella mil veces que lo pudo tener« (80,1). Martirio kann so als das deformierte Gegenstück Adelas angesehen werden.

Martirios Leidenschaft für Pepe

Die beiden anderen Schwestern, Magdalena und Amelia, treten nicht als Persönlichkeiten mit besonderen

sich entladen: descargarse
wissentlich: conscientemente

Merkmalen hervor. Im Grunde begleiten sie die Handlung durch Fragen und Kommentare. Keine von beiden scheint die ihr zugewiesene Rolle in Frage zu stellen oder dagegen rebellieren zu wollen, auch wenn ihre Kommentare zur Stellung der Frau durchaus nicht affirmativ, sondern negativ bewertend bis resigniert sind. Hier einige Beispiele für Magdalena: »Prefiero llevar sacos al molino. Todo menos estar sentada días y días dentro de esta sala oscura« (16,26–17,1 f.); »Malditas sean las mujeres« (17,4). Amelia lässt verlauten: »Ya no sabe una si es mejor tener novio o no« (22,23).

Magdalenas und Amelias Resignation

Als Amelia Magdalena darauf hinweist, dass sie stürzen könnte, weil ihr Schnürsenkel offen ist, ist Magdalenas einzige Reaktion: »¡Una menos!« (25,5).

in Frage stellen: poner en duda
negativ bewerten: valorar negativamente

4. Struktur und Sprache

Das Drama *La casa de Bernarda Alba* hat verschiedene Strukturebenen inhaltlicher Art, die bei der Interpretation des Werks in Kapitel 5 analysiert werden. Hier stehen **Aufbau und Sprache** des Dramas im Mittelpunkt. Das Drama ist in drei Akte eingeteilt, die dem traditionellen Schema von Protasis (Einleitung), Epitasis (Verwicklung) und Katastrophe (Lösung) entsprechen. Auf den ersten Blick hat man den Eindruck, dass *La casa de Bernarda Alba* die klassischen drei Einheiten nach Aristoteles, Einheit des Ortes, der Zeit und der Handlung, wahrt. Für die Handlung trifft das zweifellos zu, die Einheit des Ortes und der Zeit (Aristoteles erlaubt einen Zeitraum von maximal 24 Stunden) sind allerdings nur scheinbar eingehalten. Der Ort ist im ersten Akt eine *habitación interior blanquísima*, die man als Vorraum (*antesala*) deuten kann, im zweiten Akt eine *habitación interior blanca* und im dritten Akt der *patio interior* mit *cuatro paredes blancas ligeramente azuladas*. Diese leichte Veränderung des Ortes zeigt die Veränderung der Tageszeit von Mittag zu Nachmittag und spätem Abend, die jeweils einen ande-

Klassischer Aufbau des Dramas

Keine Einheit von Ort und Zeit

Strukturebene: el nivel estructural
Einleitung: la presentación
Verwicklung: el nudo
Lösung: el desenlace
Einheit: la unidad
scheinbar (adv.): a primera vista
einhalten: respetar

ren Aufenthaltsort bedingt. Der erste Akt findet statt um 12 Uhr mittags, der zweite nachmittags und der dritte am späten Abend. Jedoch sind zwischen den einzelnen Akten offenkundig mehrere Tage, wenn nicht sogar jeweils ein Monat vergangen, was an der Entwicklung der Beziehung zwischen Pepe el Romano und Angustias deutlich wird. Im ersten Akt ist er nur inoffizieller Bewerber (»estuvo rondando la casa« (26,3), im zweiten berichtet Angustias bereits von seinem Antrag (35,24–26) und im dritten Akt erklärt Bernarda, dass der offizielle Heiratsantrag in drei Tagen stattfinden werde (»Vienen a pedirla dentro de tres días«, 62,5). Parallel dazu entwickelt sich die Liebesaffäre zwischen Pepe und Adela. Beide Handlungsstränge – die Entwicklung der Beziehung zwischen Pepe el Romano und Angustias und die der Beziehung zwischen Pepe el Romano und Adela – werden nicht auf der Bühne dargestellt, der Zuschauer erfährt von ihnen nur indirekt über die Dialoge zwischen den Personen. Wir haben also neben der dargestellten Handlung auf der Bühne noch eine verborgene Handlung, die dann zur Katastrophe am Ende führt. Die Handlung findet im Sommer statt, wie Hinweise in allen drei Akten belegen. Insofern ist an eine Zeit von etwa einem Monat zwischen den Akten auszugehen. García Lor-

Zwei Handlungsstränge

Heiratsantrag: la petición de mano
Liebesaffäre: el amorío
Handlungsstrang: el hilo argumental
Bühne: la escena
Zuschauer/Zuschauerin: el espectador / la espectadora
dargestellte Handlung: la acción visible
verborgen: oculto/a

ca benutzt eine bestimmte Technik, um den Zuschauer darauf hinzuweisen, dass eine gewisse Zeit verstrichen ist: Alle drei Akte beginnen mit »ya«. Dieses »ya« drückt auch ein Warten darauf aus, dass die Zeit vorübergeht.

Zyklische Wiederholungsstruktur

Ein weiteres Strukturmerkmal des Dramenaufbaus ist, wie einige Autoren bemerkt haben, eine **zyklische Wiederholungsstruktur**. Diese Grundstruktur bestimmt das Drama insgesamt: Es beginnt mit dem Tod und endet mit dem Tod. Dass Bernarda den Tod Adelas nicht zum Anlass einer Umkehr oder Läuterung nimmt, zeigt sich in ihrer Äußerung: »Ella, la hija menor de Bernarda Alba, ha muerto virgen« (80,6 f.). Das Wichtigste ist ihr die Aufrechterhaltung der Fassade. Daher wird alles von neuem beginnen: die Beerdigung – die angeordnete Trauer – der Konflikt zwischen den Schwestern. Auch die Struktur der einzelnen Akte wiederholt sich. Jeder Akt lässt eine dreiteilige Aufteilung erkennen: anfängliche Ruhe – Konflikt – Gewalt. Die Konflikte und die Gewalt steigern sich von Akt zu Akt bis hin zum Selbstmord im dritten Akt. Andere **Elemente, die sich wiederholen**, sind neben dem »ya«, mit dem jeder Akt beginnt:

- das Wort »silencio« beim ersten Auftritt Bernardas und als ihr letztes Wort
- das Glockengeläut zu Beginn und das angekündigte

zyklische Wiederholungsstruktur: la estructura repetitiva cíclica
Umkehr: el cambio
Läuterung: la catarsis
dreiteilige Aufteilung: la distribución tripartita

Glockengeläut am Ende (»Bernarda: Avisad que al amanecer den dos clamores las campanas«, 79,24 f.)

- die Stille, mit der die erste Szene des ersten Aktes und des dritten Aktes beginnen. Erster Akt: »Un gran silencio umbroso se extiende por la escena. Al levantarse el telón, está la escena sola. Se oyen doblar las campanas« (5,6–8); dritter Akt: »Al levantarse el telón hay un gran silencio, interrumpido por el ruido de platos y cubiertos« (59,10 f.). In beiden Szenen ist die Stille nicht total. Diese Ambiguität des Evozierten (Stille, aber gleichzeitig Geräusche) ist Grundmerkmal des Dramas, wie sich auch bei der Analyse der antithetischen Strukturen zeigt (siehe Interpretation, Kapitel 5).

Ein anderes Strukturmerkmal des Dramas sind die ständigen Hinweise auf das tragische Ende, die sich vor allem im zweiten und dritten Akt finden.

Kombination von Realität und Poesie

Struktur und Sprache des Dramas sind gekennzeichnet durch eine Kombination von Realität und Poesie. Vordergründig entwickelt sich die dramatische Handlung in einem realistischen Rahmen. Die menschliche Dimension der Personen entspricht der aristotelischen Forderung nach Wahrscheinlichkeit: »Es ergibt sich auch aus dem Gesagten, daß es nicht die Aufgabe des Dichters ist, zu berichten, was geschehen ist, sondern viel-

Ambiguität: la ambigüedad
evozieren: evocar (la evocación)
vordergründig: a primera vista
Wahrscheinlichkeit: la probabilidad

mehr, was geschehen könnte und was möglich wäre nach Angemessenheit oder Notwendigkeit« (Aristoteles, Poetik, 9. Kapitel, 36). Der realistische Ansatz des Dramas wird deutlich an den vielen Alltagssituationen, die auf der Bühne dargestellt oder erwähnt werden. So sehen wir gleich zu Beginn La Poncia, die Brot und Hartwurst isst (5,12), die Magd, die putzt (6–11), und die Bettlerin (10). Auch die Ankündigung des Notars, der das Testament verlesen wird (22,1 f.), und die Erzählung der Geschichte des Vaters von Adelaida (22 f.) entsprechen realen Situationen. Im zweiten und dritten Akt finden sich ebenfalls realistische Details, wie z. B. im zweiten Akt die Darstellung der nähenden Frauen, der Gesang der Schnitter, die Hitze, das gestohlene Bild, die Lynchjustiz, im dritten Akt die Abendessensszene, das Hufeschlagen des Pferdes, das Bellen der Hunde, das Stroh im Unterrock von Adela. Allerdings tritt im dritten Akt der Realismus zurück zugunsten von poetischen Elementen, wie dem strahlenden Sternenhimmel und dem Bild der alten María Josefa mit dem Schäfchen auf dem Arm. Verse finden wir bei vier Gelegenheiten: Da sind zunächst die Fürbitten, die Bernarda zu Beginn zusammen mit den Frauen betet (13,14–14,23) und das Lied der Schnitter (44,16–45,19), das exakt die Mitte des Dramas bildet und dadurch besondere Bedeutung hat. Die Erotik der Strophen und die Sehnsüchte der Töchter Bernardas nach Liebe entsprechen sich hier. Das wird auch darin deutlich, dass Martirio und Adela die Strophen wie-

Realistische Elemente

Poetische Elemente

Ansatz: el enfoque

derholen. In dieser Szene heben sich im Gesang das Innen und das Außen auf. Hier findet sich einer der seltenen Glücksmomente im Drama. Im dritten Akt wird dann ein Vers aus der Volkstradition zitiert: »Santa Bárbara bendita [...] y agua bendita« (66,13–15), der eine Art magischer Spruch bei Blitzen und Gewitter ist und an dieser Stelle als Hinweis auf das kommende Unheil gesehen werden kann. Und schließlich schafft auch das »Wiegenlied« von María Josefa (71,4–72,6) durch seine Mischung aus kindlich-einfältigen Bildern auf der einen Seite und Beschimpfungen von Bernarda und Magdalena (»Bernarda, cara de leoparda. Magdalena, cara de hiena«) auf der anderen Seite eine merkwürdig surreale Stimmung. So dient die Dichtung zur Unterstreichung und zur Intensivierung der Atmosphäre. In kommunikativer Hinsicht auffällig sind die vielen Beschimpfungen, Verfluchungen und Drohungen, die von allen Personen gegeneinander gebraucht werden. Teilweise sind sie auch bildhaft: »Mala puñalada te den, ¡mosca muerta! ¡Sembradura de vidrios!« (Bernarda zu Martirio, 49,8 f.); »¡Perversa!« (Bernarda zu Adela, 50,10); »¡Suave! ¡Dulzarrona!« und »¡Suavona!« (Bernarda zu Angustias, 19,10 f. und 30,7). Auch La Poncia ist nicht zimperlich. Sie verflucht Bernarda: »¡Mal dolor de clavo le

Destruktive Kommunikation

magischer Spruch: la invocación
Unheil: el desastre
Wiegenlied: la canción de cuna, la nana
kindlich-einfältig: ingénuo/a
Beschimpfung: el insulto
Verfluchung: la maldición
Drohung: la amenaza

pinche en los ojos!« (8,4). Adela beschimpft La Poncia: »Métete en tus cosas, ¡oledora!, ¡pérfida! [...] buscas como una vieja marrana asuntos de hombres y mujeres para babosear en ellos« (40,11–15). Die expliziten Beschimpfungen und die Verwünschungen unterstreichen den insgesamt aggressiven Ton, der unter den Personen des Dramas herrscht. Ein weiteres Kennzeichen der Kommunikation ist der Gebrauch des Imperativs mit und ohne Koppelung an Beschimpfungen. Vor allem für Bernarda ist der Gebrauch des Imperativs charakteristisch. Daneben finden sich in der Sprache von La Poncia Elemente aus der Volkssprache, z. B. der bestimmte Artikel vor dem Namen: »la« Magdalena (6,2). Dies allerdings eher selten, wiewohl der Artikel vor dem Namen »Poncia« ebenfalls deren niedere soziale Schicht kennzeichnet. Sehr selten finden sich Andalusismen. Dadurch wird eine allzu regionale Tönung vermieden. Ansonsten ist die Sprache des Dramas gekennzeichnet durch viele Sprichwörter und volkstümliche Redewendungen (»¡más vale onza en el arca que ojos negros en la cara!«, 34,7 f. – »en cuanto las dejes sueltas se te subirán al tejado«; 54,22 f. – »Por un oído me entra y por otro me sale«; 34,9). Daneben ist die Sprache reich an Vergleichen und Metaphern (»Tiene unos dedos como cinco ganzúas«, 6,19 f. – »era como si un lobo hubiese entrado en la iglesia«; 9,17 f. – »¿Es decente que una mujer de tu clase vaya con el anzuelo detrás de un hombre [...]?«, 19,2 f.). Hinzu

Volkssprache

Volkssprache: el lenguaje popular
Redewendung: el dicho

kommen auch Übertreibungen (Hyperbeln): »Ese día me encerraré con ella en un cuarto y le estaré escupiendo un año entero« (8,12 f.). Insgesamt sind hier sämtliche Register der Umgangssprache anzutreffen. Die in der Vorbemerkung des Dichters zum Drama (4) formulierte Intention des Dramas als »documental fotográfico« spiegelt sich so auch auf der sprachlichen Ebene wider.

Nicht-verbale Kommunikation

Die nicht-verbalen kommunikativen Akte im Drama finden sich hauptsächlich in den Regieanweisungen. Sie unterstreichen, ergänzen oder ersetzen sogar die verbalen kommunikativen Akte. Dazu gehören äußere Erscheinung und Haltung, Mimik und Gestik, Gesichtsausdruck, Blicke usw. Die nonverbale Ebene verdeutlicht die affektive Stimmung der Gesprächspartner zueinander. Durch sie wird eine zweite Kommunikationsebene geschaffen, die dem, was auf der rein verbalen Kommunikationsebene vermittelt wird, weitere Bedeutungsdimensionen hinzufügt. Hierzu gehört auch der Stock Bernardas, mit dem sie auf den Boden klopft oder die Töchter schlägt, um ihren Herrschaftsanspruch zu unter-

Hyperbel: la hipérbole
Umgangssprache: el lenguaje coloquial
sich (wider)spiegeln: reflejarse
Regieanweisungen: las acotaciones
Mimik: la mímica
Gestik: los gestos
Gesichtsausdruck: la expresión facial
Gesprächspartner/Gesprächspartnerin: el interlocutor / la interlocutora
Kommunikationsebene: el nivel de comunicación
Herrschaftsanspruch: la pretensión de poder

streichen. Eine weitere Möglichkeit der Nuancierung bieten die an Sprache gebundenen individuellen Möglichkeiten, wie Betonung der Worte und Sprechhöhe. Ein Beispiel möge hier genügen: Häufig findet sich in der Regieanweisung der Hinweis »con intención« (bedeutungsvoll) (Magdalena, 25,21; La Poncia, 39,8; Martirio, 42,9 usw.). Hier wird durch die Art der Mitteilung, etwa durch die Betonung, aber auch mit passender Mimik, dem Gesagten ein intendierter (Hinter-)Sinn verliehen.

Nuancierung: la matización (matizar)
Sprechhöhe: el registro de la voz
(Hinter-)Sinn: el (doble) sentido

5. Interpretation

Mehr noch als die anderen Dramen García Lorcas bietet sich dieses Drama für eine gesellschaftskritische Deutung an. Am weitesten treibt diese Carlos Rincón (311–313), der den wahren Konflikt außerhalb des Hauses, nämlich im Widerspruch zwischen Landarbeitern (für die stellvertretend die *segadores*, d.h. die Schnitter/Erntearbeiter stehen) und halbfeudaler Herrschaft (Stellvertreterin: Bernarda) sieht. Die Art, wie García Lorca die *segadores* auftreten lässt, macht sie allerdings nicht unbedingt zu Vorreitern einer sozialen und politischen Revolution, selbst wenn dies, historisch gesehen, ihre objektive Funktion war. Berühmt ist z.B. der Aufstand der Schnitter von 1640 bis 1652 (*guerra de los segadores*) gegen den habsburgischen König Philipp IV. von Spanien und dessen Premierminister, den Grafen von Olivares. Im Drama hingegen ist das Hauptmerkmal der *segadores* ihre erotische Kraft und keinesfalls ihr proletarischer Kampfgeist. Es ist auch etwas zu einfach, in Adela – wie dies Rincón (319) tut –, die »konkret-individuelle Gestalt und Symbol einer möglichen Gesellschaft [...], in der die Naturgesetze der ›Moral der Erde‹ sich wieder erfüllen können«, zu sehen. Dafür bieten ihre Aussagen und ihr dargestelltes Verhalten zu wenig an positiver Utopie. Ziemlich große Übereinstimmung herrscht bei den Autoren, die in ihren Interpretationen einen Bezug zur zeitgenössischen Gesellschaft herstellen, im Hinblick

Gesellschaftskritik

halbfeudale Herrschaft: el gobierno medio feudal
Vorreiter: el precursor

auf die Person Bernardas. So wird sie gesehen als Beispiel für den »viejo autoritarismo hispánico« (García Posada 1979, 149) oder einfach als typisch spanisch in ihrer jegliches Eingeständnis eines Irrtums leugnenden Haltung (Rubia Barcia, 402: »ese concepto funcional y subjetivo de la verdad, tan radicalmente hispánico, que hace que Bernarda no sólo no reconozca haber cometido error alguno [...]«).

Brüche

Einen anderen Ansatz vertritt Luis Fernández-Cifuentes (1983), der in stringenter Form die Brüche in dem Stück *La casa de Bernarda Alba* herausarbeitet, er tut dies hauptsächlich, um zu zeigen, wie stark sich García Lorcas Stück trotz scheinbarer Ähnlichkeit vom konventionellen Theater abhebt. Fernández-Cifuentes zeigt, dass man das Werk gegen den Strich lesen muss, um zu erkennen, dass hier nichts so eindeutig ist, wie es auf den ersten Blick scheinen mag.

Antithetische Grundstruktur

Die Grundstruktur des Stücks ist die Antithese. Sie manifestiert sich auf verschiedenen Ebenen und wird gleichzeitig ständig durchbrochen, und zwar von Anfang an.

Die verschiedenen Ebenen sind alle gleichermaßen präsent und insofern strukturbildend, sie überlagern ein-

Bruch: la ruptura
etwas gegen den Strich lesen: desentrañar el carácter plurisignificativo de algo
eindeutig: unívoco/a (la univocidad)
Antithese: la antítesis
Ebene: el nivel
etwas durchbrechen: no respetar algo
einander überlagern: sobreponerse

ander und sind ineinander verflochten. Gleichwohl ist die Dramenrealität auf ihnen in verschiedener Weise repräsentiert. Insofern ist es auch sinnvoll, sie bei der Interpretation zu unterscheiden.

Symbolische Ebene

Was bei diesem Stück zuerst ins Auge fällt, ist nicht die inhaltliche, sondern die symbolische Ebene, zuallererst die Farbsymbolik schwarz – weiß, dann symbolische Anspielungen, die alle aus dem Bereich der Natur kommen: Hitze – Kälte, Blumen (*rosus*), Wasser – Trockenheit, Tiere (Hund, Pferd), Sternschnuppen und die unheilverkündenden Symbole am Schluss. Weiterhin wird die Struktur des Dramas konstituiert durch eine ständige Spannung zwischen Innen und Außen, Heute – Früher, Schweigen – Sprechen, Blindsein – Sehen, also eher formalen Gegensätzen. Von dieser formalen Strukturebene hebt sich die gedankliche Strukturebene ab. Sie ist gekennzeichnet durch die Antagonismen: Mann – Frau, Determinismus – freier Wille, Herrschaft – Rebellion. Auf der Bühne treten diese Ebenen über die Dialoge und Konflikte zwischen den einzelnen Personen in Erscheinung, die gleichzeitig Träger bestimmter Konzepte und Symbolgehalte sind und sich auch mit einzelnen Aspekten verknüpfen lassen. Daher sind die vordergründig inhaltlichen Aspekte der Konflikte zwischen den einzelnen Personen nicht getrennt von den hier angeführten Strukturebenen zu sehen, sondern im Zusammenhang mit diesen zu analysieren.

Gedankliche Ebene

ineinander verflochten sein: estar relacionado entre sí
Gegensatz: la antítesis

Die symbolische Ebene

Symbolik der Namen

Schon beim Studieren des Personenverzeichnisses ist man versucht, den Namen symbolische Bedeutung zuzusprechen. Bei García Lorca ist dies durchaus sinnvoll (vgl. *Yerma, Doña Rosita la soltera*). Andererseits werden in diesem Drama die sich in den Namen von der Bedeutung her manifestierenden Unterschiede zwischen den Personen dadurch neutralisiert, dass die Frauen – außer María Josefa und Adela – uniform schwarz gekleidet sind und sich dadurch – zumindest bei den Schwestern – auch die Altersunterschiede verwischen. Es deutet sich also schon rein äußerlich an, dass hier von »Charakteren« kaum die Rede sein kann. Dennoch unterscheiden sich die Personen durch die Namen, sie sind nicht anonym wie die Frauen bei der Beerdigung oder die Bettlerin und das Dienstmädchen. Insofern lohnt es sich durchaus, einen Blick auf die Namen zu werfen. Ein Teil der Namen hat einen engen Bezug zum Neuen Testament und Christus: Magdalena, Martirio, Angustias, María Josefa und La Poncia. Martirio und Angustias verkörpern das Leiden, La Poncias Name hat einen Anklang an Pontius Pilatus. (María) Magdalena ist eine der engsten Vertrauten von Jesus. María Josefa erinnert an die Namen der Eltern von Jesus. Ihr Name hat also eine männliche und eine weibliche Komponente. Auch Doménech (1985, 200–202) deutet den Namen María Josefa als Anspielung auf die Eltern von Jesus. Das Schaf, das sie in ih-

Personenverzeichnis: la lista de personajes
verkörpern: representar

ren Armen trägt, sieht er als Hinweis auf Christus. Es steht für das Opfer. Analog zur Opferung des Gottessohns sieht er die Opferung der Tochter (Adela), die sich selbst in einen Vergleichszusammenhang mit Christus stellt: »me pondré la corona de espinas que tienen las que son queridas de algún hombre casado« (76,11–13). Durch den Verweischarakter der Namen ergibt sich hier ein unterschwelliger Sinnzusammenhang. Die Namen Adela, Bernarda und Prudencia heben sich von diesen Namen deutlich ab. Prudencia (Klugheit) verkörpert einen Gegentypus zu Bernarda, da sie zwar an ihren häuslichen Problemen leidet, aber – anders als Bernarda – nicht aggressiv, sondern eher ruhig und gleichmütig wirkt. Insofern spiegelt ihr Name eine gewisse stoische Grundhaltung. Der Name Bernarda ist in sich antithetisch (männlich – weiblich). Der Nachname Alba (weiß) evoziert einerseits das Weiß des Hauses, vielleicht aber auch das feudale Spanien, dessen berühmtestes Adelsgeschlecht die Herzöge von Alba waren. Der Name Adela bedeutet »von adeliger Herkunft«. Dies könnte eine Anspielung auf ihren unabhängigen, freiheitsliebenden Charakter sein. Die Namen spiegeln also in ihrem Symbolcharakter auch die Spannung zwischen den Personen des Dramas. Dass der Name Amelia weder in die eine noch in die andere Gruppe passt, ist vielleicht dadurch erklärbar,

Hinweis auf: la referencia a
Opferung: el sacrificio
Verweischaraker: el simbolismo
unterschwellig: subyacente
Sinnzusammenhang: el significado
stoisch: estoico/a

dass sie – wie allerdings auch Magdalena – eine wenig charakterisierte Nebenfigur ist.

Durchbrochener Schwarz-Weiß-Kontrast

Deutlicher als in den Namen zeigt sich die antithetische Struktur des Stückes in dem Farbkontrast schwarz – weiß, der das Stück beherrscht: weißes Haus – schwarz gekleidete Frauen. Aber schon in den Regieanweisungen für das Bühnenbild fallen die »Cuadros con paisajes inverosímiles de ninfas, o reyes de leyenda« (5) auf, die die Schwarz-Weiß-Komposition unterbrechen; andere farbige Elemente tauchen (noch im 1. Akt) etwas später auf, etwa der bunte Fächer (»con flores rojas y verdes«, 16,6 f.), den Adela (!) der Mutter gibt, oder das grüne Kleid, das Adela trägt (25,7). Diese Farbtupfer durchbrechen von Anfang an das starre Schwarz-Weiß-Schema im Hause, und sicher ist ihre Funktion, die unterschwelligen Spannungen anzuzeigen und das Durchbrechen der Normen anzukündigen. Auch die Schwarz-Weiß-Symbolik ist nicht statisch: sie verschiebt sich im Verlauf des Dramas: *blanquísimo – blanco – blanco ligeramente azulado*, sie kehrt sich sogar um: Konnte man das Weiß zu Beginn eher als Symbol für die Sterilität des Hauses deuten, so wird es am Ende Attribut des Zuchthengstes. Also auch hier keine Eindeutigkeit.

Neben dem Schwarz-Weiß-Kontrast haben vor allem

Nebenfigur: la figura secundaria
Bühnenbild: el escenario
Farbtupfer: el brote de color
sich umkehren: invertirse
Sterilität: la esterilidad (estéril)

die Kontraste Hitze – Kälte, Wasser – Trockenheit symbolische Bedeutung. Besonders im 2. Akt, der Vorbereitung der Katastrophe, häufen sich hauptsächlich aus dem Mund Martirios, die sozusagen Adelas Spiegelbild auf der vordergründigen Handlungsebene ist, die Hinweise auf die unerträgliche Hitze im Innern des Hauses, die durch die geäußerte Sehnsucht nach Novemberkälte (Martirio, 46,3) noch betont wird. Den *segadores*, außerhalb des Hauses, scheint sie gar nichts auszumachen (»Amelia. ¡Y no les importa el calor!«, 44,23).

Hitze – Kälte

Diese deutliche erotische Symbolik findet sich auch in dem Kontrast Trockenheit – Wasser. Die Trockenheit wird allerdings nicht dem Haus, sondern dem Dorf als erweitertem Raum der Unterdrückung des Eros zugesprochen. Das Wasser ist Ausdruck der erotischen Wünsche: Sehnsucht nach Wasser bei María Josefa, erotische Träume Adelas: »El me lleva a los juncos de la orilla« (76,5), und schließlich Ankündigung der sexuellen Vereinigung mit Pepe. Diese wird angedeutet durch Adelas zweimaliges (61,23 und 70,17) und Martirios einmaliges Wassertrinken (67,15). Durch diese symbolischen Anspielungen wird die von Bernarda intendierte asexuelle sterile Atmosphäre des Hauses durchbrochen.

Trockenheit – Wasser

Spiegelbild: el reflejo
vordergründig (adj.): superficial
Unterdrückung: la represión (reprimir)
Vereinigung: la unión

Rosen

Auch die Rosen, die deutlich der sexuellen Sphäre des Außen zugeordnet sind (Paca la Roseta, die *segadores*) finden sich (in künstlicher Form) im Innern, sozusagen als Chiffren für die unerfüllten erotischen Träume der Hausbewohnerinnen (Fächer Adelas, Schmuck María Josefas). Insofern ist hier ebenfalls die Trennung zwischen innen und außen, die Bernarda so perfekt vollziehen will, schon von Anfang an aufgehoben.

Symbolische Hinweise auf das Ende

Die Symbolik des letzten Aktes weist außer auf den sexuellen Bereich (Wasser, Pferd, *mulilla sin desbravar* [nicht zugerittene Mauleselin]) vor allem auf das tragische Ende hin. Darauf deuten das verstreute Salz, ein Perlenring als Verlobungsring für Angustias (Perlen bedeuten Tränen), die Erwähnung der heiligen Barbara beim Fallen der Sternschnuppe und das Gebell der Hunde hin.

Die strukturelle Ebene

Die antithetische Grundstruktur auf der symbolischen Ebene und ihre teilweise Auflösung findet ihre Entsprechung auf der strukturellen Ebene. Die Struktur des Dramas wird konstituiert durch die Spannung zwischen In-

Chiffre: el símbolo
Symbolik: el simbolismo
hinweisen auf etwas: anunciar algo
Erwähnung: la mención
Auflösung: la neutralización

nen – Außen, Heute – Früher, Schweigen – Sprechen, Blindsein – Sehen, Determinismus – freier Wille, Herrschaft – Knechtschaft, Mann – Frau.

Innen – Außen

Auf den ersten Blick scheint das Innere des Hauses von dem Außen unüberwindbar getrennt. So postuliert es Bernarda: »En ocho años que dure el luto no ha de entrar en esta casa el viento de la calle. Hacemos cuenta que hemos tapiado con ladrillos puertas y ventanas« (16,14–17). Die Begründung für diesen Schritt liegt für Bernarda einerseits in der Tradition (»Así pasó en casa de mi padre y en casa de mi abuelo«, 16,17 f.), andererseits in ihrer Abneigung gegen das Gerede, das von innen nach außen getragen wird. Schon seit dem Tod von Bernardas Vater, dessen Datum nicht genauer spezifiziert wird, hat niemand mehr das Haus betreten (»Ella no quiere que la vean en su dominio«, 7,18 f.).

Bedrohliche Außenwelt

Die so bedrohliche Außenwelt ist durch zwei Aspekte gekennzeichnet: Sinnliche Lust und sexuelle Freiheit einerseits (Paca la Roseta, die *segadores*), unerbittliche Moral und Vernichtung des gegen ihre Gesetze verstoßenden Individuums andererseits (*hija de la Librada*).

Knechtschaft: la servidumbre
unüberwindbar: infranqueable
sinnliche Lust: la lascivia
Vernichtung: el aniquilamiento
gegen das Gesetz verstoßen: infringir la ley

Verbindungen zwischen Innen und Außen

Allerdings ist die Trennung von Innen und Außen schon von vornherein in der Person Bernardas aufgehoben. Denn sie selbst ist auch Außenwelt, sobald es sich um andere handelt. So weiß sie über alles Bescheid, z. B. die zweifelhaften Familienverhältnisse Adelaidas (22,27–23,16) oder die Geschichte von La Poncias Mutter (53,2–23). Auch sonst ist das Außen immer präsent, zum einen durch Geräusche (Glocken, 43,6 f., 63,9; ein Schlag an die Wand, 60,18; Hundebellen 70,13; ein Pfeifen, 77,4), die besonders im 3. Akt immer stärker werden. Das Außen ist auch präsent im Gesang der Schnitter (44 f.), über die Vermittlung La Poncias, die den ganzen Tag die Nachbarn bespitzelt und Bernarda alles hinterbringt (8,1 f.), durch die Verbindung über Zimmerfenster und Türen, vor allem aber – und das ist die allgegenwärtige Präsenz des Außen – nicht real, sondern in der ständigen Evozierung im Gespräch.

Die äußere Handlungsebene dringt immer mehr in die innere ein bis zum Höhepunkt im 3. Akt, wo Pepe symbolisch (*el caballo garañon*, 60,20) und akustisch (*silbido*, 77,4) anwesend ist. Gleichzeitig erscheint aber zusammen mit ihm auch der zweite Aspekt des Außen, die öffentliche Moral: »¡Se han levantado los vecinos!« (79,7).

Vermittlung: la mediación
bespitzeln: acechar
Verbindung: el enlace
allgegenwärtig: omnipresente
Höhepunkt: el punto culminante

So wie Außen und Innen sich einerseits berühren und ineinander übergehen, so wie das Außen selbst durchaus mehrdeutig ist (Freiheit und Unterdrückung), ist auch das Innere weniger eindeutig, als dies auf den ersten Blick scheint. Der sichtbare innere Raum ist nur Durchgangsbereich zwischen anderen inneren Bereichen, in denen sich das ganze unterdrückte Leben abspielt. So ist zum Beispiel María Josefas Zimmer Hort unterdrückter Wünsche, von den Zimmern der Töchter sagt La Poncia: »hay una tormenta en cada cuarto« (69,11).

Heute – Früher

Ambivalentes »Früher«

Das Heute ist gekennzeichnet durch die Unterdrückung durch die öffentliche Meinung. Ihm wird in Andeutungen ein freieres, sinnenfroheres Früher entgegengesetzt, das ausschließlich mit María Josefa und ihrer Jugend in Verbindung gebracht wird: »Aquella era una época más alegre, […] y no se usaban malas lenguas« (24,21 f.). Dieses dem »Heute« entgegengesetzte »Früher« ist aber keinesfalls so eindeutig positiv, wie es sich hier in den Worten Magdalenas darstellt. Man bedenke Bernardas Aussage über die achtjährige Trauerzeit (»Así pasó en casa de mi padre y en casa de mi abuelo«, 16,17 f.). Das »Frü-

ineinander übergehen: mezclarse
Durchgangsbereich: la zona de paso
Bereich: hier: el espacio
Andeutung: la alusión
sinnenfroh: lleno/a de sensualidad
entgegengesetzt: opuesto/a

her« ist also, laut Bernarda, eine Zeit mit genauso rigiden Regeln wie das »Heute«. Es ist genauso irreal wie die Uferbinsen, zu denen Pepe Adela führt (76,5), oder die Meeresufer, zu denen María Josefa strebt (31,25). Dazu passt auch auf der symbolischen Ebene das von Magdalena beschriebene Bild im Zimmer der Großmutter: »el negro luchando con el león« (24,19 f.), das wohl auf das Bild von Henri Rousseau »Noir attaqué par un jaguar« (»Schwarzer, von einem Jaguar angefallen«) Bezug nimmt. Dieses Bild ist genauso doppeldeutig und widersprüchlich wie das evozierte »Früher«: In einer traumhaft schönen Urwaldlandschaft mit bunten Blumen findet ein äußerst grausames Geschehen statt. So werden auch die evozierten »glücklicheren« Zeiten durch das genannte Bild sofort wieder in Frage gestellt.

Sprechen – Schweigen

Auch das Sprechen und sein Gegenteil, das Schweigen, sind keine echten Gegensätze. Weder ist das Schweigen (*silencio*) wirkliches Schweigen im Sinne eines Nichtvorhandenseins einer Mitteilung, noch dient das Sprechen der Mitteilung von Fakten und Gefühlen, die so gemeint sind, wie sie gesagt werden. Alles wird zweideutig, alles verbirgt einen tieferen Sinn. Das Schweigen ist gewissermaßen das Leitmotiv des Dramas. Bernardas

Schweigen als Leitmotiv

widersprüchlich: contradictorio/a
Nichtvorhandensein: la no existencia
zweideutig: ambiguo/a (auch: vieldeutig)
Leitmotiv: el leitmotiv

erstes Wort auf der Bühne ist »¡Silencio!« (11,17), ihr letztes gleichermaßen »¡Silencio!« (80,8). Auch im Verlauf der Handlung gehen von Bernarda Befehle zum Schweigen aus, deren Funktion es ist, alle Gefühlsregungen oder Äußerungen von in ihrem Sinne missliebigen Fakten (weil *nicht sein kann*, was *nicht sein darf*) zu unterdrücken. Das zeigt sich gleich zu Beginn, als La Poncia sie auf die schwache Position ihres sozialen Dünkels aufmerksam macht (21,18 f.) und natürlich besonders am Schluss, wo sie betont, dass ihre Tochter als Jungfrau gestorben sei.

Verhinderung der Verständigung

Bernardas Sprechen selbst hat genau die gleiche Funktion wie ihr Befehl zu schweigen, es will ebenfalls das Gegenüber zum Verstummen bringen. Das resultiert aus der spezifischen Art ihres Sprechens in allgemeinen Wahrheiten, die im Gewande von Natur- oder Moralgesetzen einherschreiten.

Beispiele:

- »Hilo y aguja para las hembras. Látigo y mula para el varón« (17,6 f.)
- »¿Es decente que una mujer de tu clase vaya con el anzuelo detrás de un hombre el día de la misa de su padre?« (19,2–4)
- »Las mujeres en la iglesia no deben mirar más hombre que al oficiante, y a ese porque tiene faldas« (13,8–10)

Auch ihr fast beschwörendes »No pasa nada« (erster Akt, 30,15) und »Aquí no pasa nada« im zweiten Akt, hier schon etwas abgeschwächt durch »Y si pasa algún día, estate segura que no traspasará las paredes« (53,11–13), und »Aquí no

missliebig: no deseado/a

pasa nada. Ya estoy alerta contra tus suposiciones« im dritten Akt (68,21 f.) hat die Funktion, die tatsächliche Handlung, die sich ja nicht auf der Bühne abspielt, zu verdecken. Sprache dient hier also nicht zur Verständigung, sondern als Mittel zu ihrer Verhinderung.

Keine echte Kommunikation

Zwischen den Schwestern ergeben sich nur selten Dialoge im Sinne einer echten Kommunikation. Hier dient die Sprache meist zur Verschleierung der wahren Gefühle und Zusammenhänge oder sie wird doppeldeutig.

Ein Beispiel für die Verschleierung der wahren Gefühle ist die Reaktion von Martirio und Amelia auf die Mitteilung, dass Pepe Angustias ehelichen will: »Martirio. Yo me alegro. Es buen mozo – Amelia. Yo también. Angustias tiene buenas condiciones« (26,5–7). An dieser Stelle wird allerdings von Magdalena die Verschleierung aufgehoben, indem sie die wahren Gefühle der beiden anderen Schwestern benennt: »Ninguna de las dos os alegráis« (26,8).

Ein Beispiel für das Sprechen in Andeutungen ist der mit einer Doppeldeutigkeit verknüpfte Hintersinn: Beim Gespräch über den nächtlichen Lärm im Hof äußert Amelia »Quizá una mulilla sin desbravar«. Martirio antwortet »(*entre dientes y llena de segunda intención*). Eso, ¡eso!, una mulilla sin desbravar«, was eine Anspielung auf Adela ist (46,20–22). Hier bleibt die Andeutung im Raume stehen. Die Enthüllung der Wahrheit findet nicht statt. Martirio ruft zwar Amelia, die weggeht, noch einmal zurück, offenbar, um ihr alles aufzudecken, unterlässt es dann aber.

Die einzige, die zur Kommunikation in allen Aspekten

Verschleierung: la ocultación

fähig wäre, La Poncia, kann das wirkliche Geschehen auch nur ansatzweise zur Sprache bringen. Zum Beispiel sucht sie ein aufrichtiges Gespräch mit Bernarda: »aquí pasa una cosa muy grande [...], pero tú no has dejado a tus hijas libres« (52,14–16). Aber auch sie verstummt immer wieder, aus dem Grund, der vermutlich die Hauptursache für das Versagen der Kommunikation überhaupt ist: der Angst vor dem Skandal, d.h. der Angst vor der unerbittlichen öffentlichen Moral (53,17–19). Bernarda braucht nur auf das *lupanar* (Freudenhaus) anzuspielen, in dem La Poncias Mutter landete, und La Poncia verstummt. Sie versucht zwar, Adela unter vier Augen davon abzubringen, Pepe weiter zu treffen (»quiero vivir en casa decente. ¡No quiero mancharme de vieja!«, 40,20 f.). Andererseits deckt sie sie dann aber durch ihre Andeutungen bis zum Schluss. Der auf der Bühne dargebotene Text ist also, wie Fernández-Cifuentes (89) richtig bemerkt: »una frustrada aspiración al diálogo«. So wird die Sprache selbst zum Befund. Sie zeigt die Isolation des einzelnen.

Angst vor dem Skandal

Auffällig ist, dass die der Sprache von allen gleichermaßen zuerkannte Funktion nur noch die der Vernichtung ist. Dies belegen verschiedene Äußerungen. So sagt z.B. Amelia: »esta crítica que no nos deja vivir« (22,25 f.). Bernarda äußert an anderer Stelle: »Hay a veces una ola de fango que levantan los demás para perdernos« (56,7 f.).

Sprache als Instrument der Vernichtung

Versagen: el fracaso

Blindsein – Sehen

Genauso vieldeutig wie der Gegensatz Schweigen – Sprechen ist die Antithese von **Blindsein – Sehen**. Immer wieder ist es Bernarda, die sich als die ausgibt, die richtig und die alles sieht, z. B. schon gleich zu Beginn, als es darum geht, ob Pepe bei der Beerdigung war oder nicht (13,1 f.). Als ihre Lebensaufgabe sieht sie es an, die Augen offen zu halten: »Nací para tener los ojos abiertos. Ahora vigilaré sin cerrarlos ya hasta que me muera« (56,11–13). Selbstzufrieden stellt sie im dritten Akt noch kurz vor der Katastrophe fest, dass sie durch ihr Hinsehen alles im Griff hat: »A la vigilancia de mis ojos se debe esto« (68,14 f.).

Blindheit angesichts der Realität

Gerade Bernarda ist aber am blindesten für das, was um sie herum wirklich geschieht, denn das verdrängt sie. Sie ist nur interessiert an der »buena fachada« (64,9 f.). Auch am Ende des Stückes, wo Einsicht und Erkenntnis möglich wären, verschließt sie sich in ihre Blindheit: »¡Mi hija ha muerto virgen!« (79,22), aber auch hier findet sich wieder ihre Betonung des Klarsehens: »La muerte hay que mirarla cara a cara« (80,2 f.). Nicht vor dem Tod verschließt sie ihre Augen, sondern vor dem Leben.

Sie gibt sich als die aus, die: pretende demostrar a los demás que es …
Einsicht: la comprensión
Erkenntnis: la lucidez

Die gedankliche Ebene vor dem Hintergrund einer repressiven Sexualmoral im Verhältnis Mann – Frau

Auf der gedanklichen Ebene werden in diesem Drama die Fragen von Herrschaft und gegen sie gerichtete Rebellion, von Determinismus und freiem Willen, von Naturgesetz und gesellschaftlicher Norm thematisiert. Dies alles vor dem Hintergrund des Verhältnisses Mann – Frau. Denn was ist die »cosa muy grande« (52,14 f.), die im Hause Bernardas geschieht, welches Unwetter (*tormenta*) findet in jedem Zimmer statt (69,11), was wird ausbrechen (*estallar*, 69,12)? Für La Poncia ist alles klar: »Son mujeres sin hombre, nada más« (70,9), was doch positiv formuliert heißt: Also gebt ihnen endlich jeder einen Mann, dann sind ihre Probleme gelöst. Allerdings zeigt die Analyse des Verhältnisses Mann – Frau im Drama, dass dieser schlichte Lösungsvorschlag die Probleme nicht löst, sondern neue schafft.

Grundsätzliche Probleme zwischen Männern und Frauen

Im Drama gibt es genug Beispiele, die das Zusammenleben oder Zusammenkommen Mann – Frau illustrieren. Die reine Erotik/Sexualität wird in der referierten Szene mit Paca la Roseta und am Beispiel der *segadores* illustriert. Hier wird der ungehemmte Geschlechtstrieb vorgeführt, der sich über alle moralischen Schranken hinwegsetzt: Pacas Ehemann wird an eine Krippe gebunden, die Schnitter bedürfen zur Stillung ihrer erotischen Wünsche einer Prostituierten. Prosti-

vor dem Hintergrund: ante el trasfondo
moralische Schranke: la barrera impuesta por la moral

tution ist die Ergänzung einer repressiven Sexualmoral, bei der vor allem die Unberührtheit der ehrbaren Frau thematisiert wird. Paca la Roseta hingegen, laut Bernarda »la única mujer mala que tenemos en el pueblo« (20,11 f.), und ihr männliches Gefolge werden als Personen von außerhalb gekennzeichnet (»La Poncia. Es de muy lejos [...] hijos de forasteros«, 20,13–15). Diese sexuelle Enthemmtheit findet ihre negative Parallele in der gnadenlosen Hatz auf eine Kindsmörderin: Die Männer aus dem Dorf eilen als erste herbei, um die Tochter der Librada, die ihr uneheliches Kind aus Angst vor der Schande umbrachte, zu lynchen.

Für unglückliche Beziehungen und unmenschliches und unwürdiges Verhalten auf beiden Seiten, mehr noch aufseiten der Männer allerdings, finden sich noch viele weitere Beispiele: Gleich zu Beginn erfahren wir, dass der Tote, Bernardas zweiter Mann, ein Schürzenjäger war (»Criada. [...] ¡Ya no volverás a levantarme las enaguas detrás de la puerta de tu corral!«, 11,4 f.). Der Mann von Paca la Roseta ist offenbar ein Schwächling, der sich von seiner Frau und ihren Liebhabern erniedrigen lässt. Der Bräutigam von Adelaida ist hingegen ein Tyrann, da er Adelaida keinen Schritt mehr aus dem Haus tun lässt (22,20 f.). Der Vater von

Negative Beispiele für Männer

Ergänzung: el complemento
Unberührtheit: la virginidad
Enthemmtheit: la desinhibición
Hatz: la persecución
unwürdig: indigno/a
Schürzenjäger: el mujeriego
Schwächling: el hombre débil
erniedrigen: humillar

Adelaida ist ein Mörder und mehrfacher Ehebrecher (23,1–8). Evaristo el Colín, La Poncias verstorbener Ehemann, wurde von ihr öfter verprügelt. Der Mann von Prudencia ist ein halsstarriger Schwachkopf, und Pepe el Romano schließlich, »el gigante« (73,21), wie ihn María Josefa nennt, ist ein feiger Mitgiftjäger, der es bis zum Schluss nicht wagt, klare Verhältnisse zu schaffen. Und dennoch werden die Männer aus der Sicht der Frauen als der bevorzugte, ja glücklichere Teil der Gesellschaft gesehen. Obwohl auch sie an eine Rolle gefesselt sind (»Látigo y mula para el varón«, 17,7), haben sie die Freiheit, das Haus zu verlassen und können ihre sexuellen Bedürfnisse ungeachtet der prüden öffentlichen Moral stillen, da diese nur für die Frauen, nicht aber für sie gilt (»La Poncia. Los hombres necesitan estas cosas«, 44,7 f.; »Un hombre es un hombre«, 69,20 f.).

Dem Mann kommt ein gleichsam naturhafter Status zu, wodurch er identisch wird mit Natur selbst und also auch im Sinne einer öffentlichen Moral nicht verantwortlich gemacht werden kann für seine sexuellen Entgleisungen. (»La Poncia. No es toda la culpa de Pepe el Romano. […] ella debió estarse en su sitio y no provocarlo«, 69,17–20). Die Elle der öffentlichen Moral wird angelegt von Frauen an Frauen.

Die Frau als Vertreterin der Moral

Ehebrecher/Ehebrecherin: el adúltero / la adúltera
Mitgiftjäger: el cazadotes
klare Verhältnisse schaffen: arreglar las cosas, poner las cosas en claro
der bevorzugte Teil: hier: los favorecidos
Bedürfnis: la necesidad
prüde: pudibundo/a
Entgleisung: el desliz

Sie üben die moralische Kontrolle über den Klatsch und das Ausspionieren der Nachbarn aus. Die Ahndung moralischer Verfehlungen ist die Aufgabe des Mannes, wie man am Beispiel der Lynchjustiz sieht, die von Männern ausgeführt wird. Da Bernarda Witwe ist, muss sie die traditionelle Rolle des Hausvaters als Bewahrers der Ehre der Töchter übernehmen. Das erklärt mindestens teilweise ihre rigorose Haltung. Bei der Rebellion Adelas handelt es sich um eine Rebellion gegen die öffentliche Moral, die der Frau nicht die gleiche sexuelle Freiheit gewährt wie dem Mann. Allerdings kann ihr Akt des Widerstands nicht im Sinne einer Emanzipation gedeutet werden, da sie selbst als Beweggrund ihres Handelns eine Kraft angibt, die stärker ist als sie. Sie will sich ausdrücklich nicht befreien, sondern in ein neues Abhängigkeitsverhältnis begeben (»En mí no manda nadie más que Pepe«, 77,22 f.). Ihre Leidenschaft kann sie nur mit Pepe ausleben, so dass das »manda« hier wohl auch bedeutet, dass Pepe ihr sexuelle Erfüllung bringt. Also ist sie letzten Endes eher vom Wunsch nach sexueller Erfüllung (mit Pepe als ›Instrument‹) als von Pepe als Person abhängig. Die Dominanz des Mannes wird dabei allerdings in Kauf genommen. Wenn man die vorher an-

Sexuelle Abhängigkeit Adelas

Hausvater: el padre de familia
Bewahrer/Bewahrerin: hier: el/ la responsable
gewähren: conceder
Beweggrund: el motivo
Handeln: la actuación
Abhängigkeitsverhältnis: la relación de dependencia
sexuelle Erfüllung: la satisfacción sexual

geführten Beispiele für männliches Verhalten bedenkt, wird dieses neue Abhängigkeitsverhältnis kaum besser als das alte.

Es lassen sich zwischen Adela und Bernarda viele Parallelen in der Art zu sprechen finden. Insofern ähneln sich beide. Beide legen ihre ganze Willenskraft nur in das Durchsetzen eines irrationalen Prinzips. Für Adela ist dies die Stimme der Natur, für Bernarda die öffentliche Moral. Dies macht sie blind: Bernarda für die von ihr negierten bzw. verdrängten natürlichen Regungen, Adela für soziale Werte, die der Rücksichtslosigkeit ihres eigenen Willens entgegenstehen. So eröffnet Adelas Rebellion schon vor ihrem Scheitern keine Zukunftsperspektive. Es ist eine Revolte in einer absurden Welt für eine absurde Welt. Die Destruktivität des Triebs zeigt sich gleichermaßen im Verhalten Martirios. Auch bei ihr führt der Trieb zur Vernichtung, allerdings nicht zur Selbstvernichtung, wie bei Adela, sondern zur Vernichtung ihrer Schwester.

Rücksichtslosigkeit Adelas

Bezeichnenderweise ist die einzige, die eine positive Utopie des angstfreien und friedlichen Zusammenlebens von Menschen, von Männern und Frauen, von Nachbarn, vertritt, eine Irre: María Josefa. (»Yo quiero campo. Yo quiero casas, pero casas abiertas y las vecinas acostadas en sus camas con sus niños chiquitos y los hombres fuera sentados en sus sillas«, 73,17–21).

Parallele: el paralelo
verdrängen: reprimir
Rücksichtslosigkeit: hier: el egoísmo

Zusammenfassend kann man feststellen, dass in diesem Drama nichts so eindeutig ist, wie es auf den ersten Blick scheint. Die auf den ersten Blick so klaren Gegensätze zwischen Innen und Außen, Heute – Früher, Schweigen – Sprechen, Blindsein – Sehen, Mann – Frau, Determinismus – freier Wille, Herrschaft – Rebellion schwächen sich bei näherem Hinsehen ab oder lösen sich sogar auf. Die scheinbare Eindeutigkeit verschwindet. Am Ende wird auf der Bühne die Ordnung wiederhergestellt, das »störende Element«, das alles aufzulösen drohte, ist verschwunden. Das Spiel kann von neuem beginnen. Hier zeigt sich die ganze Absurdität des Dargestellten. Es gibt keine Lösung für die aufgezeigten Konflikte, da die Probleme in den Dingen selbst liegen und nicht auflösbar sind. Ließe man den Dingen ihren Lauf, also z. B. Adela die Freiheit, ihre sexuellen Wünsche ganz zu verwirklichen, ergäbe dies noch lange kein friedvolles Zusammenleben, denn Adelas Verhalten ist gekennzeichnet durch rücksichtslosen Egoismus ihren Schwestern gegenüber, die ebenfalls von ihren sexuellen Wünschen beherrscht werden. Auf der anderen Seite kann die gnadenlose Diktatur Bernardas ebenso wenig die Konflikte lösen, da sie rein voluntaristisch jede Existenz von primären Bedürfnissen leugnet bzw. verdrängt. Auch die angeführten Beispiele für das Verhältnis Mann – Frau geben wenig Anlass zu Hoffnung. Eine freundschaftliche Beziehung

Absurdität der Situation

sich auflösen: disolverse
rücksichtslos: sin consideración
voluntaristisch: por convicción voluntarista

zwischen den Geschlechtern, die von gegenseitiger Achtung geprägt ist, wird nicht gezeigt. Es gibt nur Herrschaft und Unterwerfung. So haben wir es bei diesem Drama mit einem Befund, der Diagnose einer Situation zu tun, die dem Zuschauer keine Lösungen bietet, sondern Anlass zum Nachdenken.

Sexualmoral und Gesellschaft

Die Sexualmoral einer Gesellschaft kann immer auch als Hinweis auf die Verfasstheit der Gesellschaft gesehen werden. Je autoritärer die Gesellschaft, desto rigider die Sexualmoral. Eine freie Sexualität wird als Gefahr erlebt, welche die Gesellschaft destabilisiert. Die revolutionären Bewegungen des 19. und 20. Jahrhunderts kämpften auch meistens gegen eine repressive Sexualmoral, die für sie der Ausdruck der Unterdrückung schlechthin war. Insofern verweist das Drama *La casa de Bernarda Alba* mit seiner Thematisierung einer repressiven Sexualmoral auf die spanische Realität seiner Entstehungszeit. García Lorca gibt hier deutliche Hinweise. Man beachte den Untertitel »Drama de mujeres en los pueblos de España« oder den Zusatz »El poeta advierte que estos tres actos tienen la intención de un documental fotográfico«. Sicher kann damit nicht die Wirklichkeit als schlichte Abbildung gemeint sein, vielleicht eher eine Schwarz-Weiß-Malerei (Fotografie) zur Verschärfung der Kontraste. Allerdings zeigen die angeführten Beispiele, dass die auf den ersten Blick so deutlichen Kontraste schillernd und zweideutig sind.

Unterwerfung: la sumisión
Diagnose: la diagnosis
destabilisieren: desestabilizar
schillernd: abigarrado/a

Historischer Hintergrund: Segunda República

Gerade diese Widersprüchlichkeiten und Brüche im Hell – Dunkel, für die auch die Person La Poncias ein hervorragendes Beispiel ist, zeigen die Vieldeutigkeit der historischen Situation, in der das Drama entstand. Laut Michaelis (144) wurde es von 1934 bis 1936 geschrieben, also in einer Zeit, die man als das »Bienio negro« (19.11.33 – 29.12.35) der spanischen Republik bezeichnet hat. Diese zwei »schwarzen« Jahre sind gekennzeichnet durch die Zurücknahme oder zumindest den Stop aller Reformmaßnahmen der beiden ersten Jahre der Republik, des »Bienio reformador«. Der Bergarbeiteraufstand in Asturien im Oktober 1934 wurde mit militärischer Hilfe niedergeschlagen. Es ist insgesamt eine Zeit des Versuchs der Restauration der alten Ordnungskräfte. Durch den Sieg der Volksfront im Januar 1936 gelangen dann die Reformkräfte wieder an die Macht. Der Kampf im Innern zwischen den linken Kräften untereinander und linken und rechten Kräften verschärft sich bei Ausbruch des Bürgerkriegs.

Vieles an dieser politischen Situation in Spanien, der Kampf der alten Ordnungsmächte um ihren Erhalt, aber auch manches Irrationale und Problematische bei den

Zurücknahme: la anulación
Stop: la congelación (eigtl.: Einfrieren)
Reformmaßnahme: la reforma
Bergarbeiteraufstand: la insurrección de los mineros
niederschlagen: sofocar
Volksfront: el Frente Popular
sich verschärfen: agudizarse
bei Ausbruch des Bürgerkriegs: al estallar la guerra civil

Neuerern ähnelt den Konflikten in *La casa de Bernarda Alba*. Auch der schließliche Sieg der alten Ordnung im Stück liest sich wie eine Vorahnung auf das Ende des Bürgerkriegs. Die darauffolgende Franco-Diktatur weist Merkmale der *Casa de Bernarda Alba* auf: Kommunikationsverbot, Zensur und Gehorsam (vgl. Neuschäfer, 139), so dass das Haus auf einer symbolischen Ebene als Bild für den ganzen Staat gesehen werden kann. Es zeigt sich in diesem Theaterstück, dass von der bürgerlichen Schicht (verkörpert in Bernarda), der Trägerin der alten Werte, keine Zukunftsperspektiven ausgehen. Allerdings sind auch die Vertreter des Widerstands gegen die traditionellen Werte (verkörpert in Adela) nicht unproblematisch. Die Hoffnungslosigkeit, die am Ende des Dramas steht, spiegelt insofern die Hoffnungslosigkeit einer gesamten Epoche. Symptomatisch hierfür ist die im Drama dargestellte Situation der Frauen, in der sich die gesamtgesellschaftliche Dialektik von Unterdrückung und Widerstand spiegelt.

Vorahnung der Franco-Diktatur

Auch wenn die gesellschaftskritische Dimension des Dramas offenkundig ist, erschöpft es sich nicht darin. Zu deutlich sind auch die Hinweise auf die menschliche Existenz und den Menschen im allgemeinen. So fallen

Neuerer: el innovador
Vorahnung: el presentimiento
Kommunikationsverbot: la comunicación inhibida
Gehorsam: la obediencia
Hoffnungslosigkeit: la desesperación
sich in etwas erschöpfen: reducirse a algo

Ähnlichkeiten zu *Huis clos* von Sartre

Ähnlichkeiten zu Sartres Drama *Huis clos* ins Auge. Der Gedanke »l'enfer, c'est les autres« (*Huis clos*), der die zerrütteten zwischenmenschlichen Beziehungen charakterisiert, lässt sich verknüpfen mit Angustias' »Afortunadamente, pronto voy a salir de este infierno« (34,3 f.) oder auch Martirios »No habléis de locos. Aquí es el único sitio donde no se puede pronunciar esta palabra« (38,3 f.). Das Haus steht hier für eine Existenz, in der die Menschen dazu verurteilt sind, ohne Liebe miteinander zu leben, da sie unfähig zu Solidarität und Empathie sind.

Bewusstseinsebenen

Geht man von einem psychologischen Ansatz aus, könnte man das Haus begreifen als Metapher für den Menschen in seinen verschiedenen sich widerstreitenden Bewusstseinsebenen (Sigmund Freud: Es – Ich – Über-Ich), die in den einzelnen Figuren in mehr oder weniger starker Ausprägung repräsentiert sind.

Lebensalterdarstellung

Ein anderer Interpretationsansatz (Junkerjürgen) sieht in dem Drama und seiner Figurenkonstellation eine Lebensalterdarstellung, sozusagen einen »Lebensalterreigen«, wie man ihn auch in der Malerei findet. Die Lebensalter der Frauen sind explizit genannt. Jede steht (so Junkerjürgen) für die für ihr Alter typische Verfasstheit, somit ist jede auch schon in der folgenden enthalten. Konstitutiv für Lorcas Modell sind nach Junkerjürgen (520) Adela, Marti-

zerrüttet: degenerado/a

rio, Angustias, Bernarda und María Josefa. Jede der genannten Frauen wäre somit typisch für ihr Lebensalter und die diesem Lebensalter entsprechende Rolle. Entsprechend dieser Sichtweise wäre also Bernarda weniger die Inkarnation der sozialen Tyrannei (Crispin nach Junkerjürgen, 521), sondern Opfer ihrer sozialen Situation, die sie verpflichtet, die ihrem Lebensalter entsprechende soziale und familiäre Rolle des Familienoberhaupts zu übernehmen.

Opfer: la víctima
Familienoberhaupt: el cabeza de familia

6. Autor und Zeit

Federico García Lorca wird am 5. Juni 1898 als erstes von fünf Kindern in Fuente Vaqueros, einem Dorf in der Nähe von Granada, geboren. Sein Vater ist ein wohlhabender Unternehmer und Großgrundbesitzer, seine Mutter Lehrerin, die allerdings bald nach der Heirat im Jahr 1897 ihren Beruf aufgibt. Schon sehr früh bekommt García Lorca bei seiner Mutter Klavierstunden. 1907 zieht die Familie nach Asquerosa, dem späteren Valderrubio, um und dann 1909 nach Granada. Die Kindheit auf dem Land prägt ihn entscheidend.

Kindheit auf dem Land

In Granada besucht er nach dem Gymnasium die Universität, wo er Philologie und Recht studiert. Während der Studienzeit in Granada hört er auch bei Fernando de los Ríos, einem herausragenden sozialistischen Politiker, der ihn maßgeblich fördert. Fernando de los Ríos steht in der Tradition der *Institución Libre de Enseñanza*, einer liberalen laizistischen pädagogischen Reformbewegung, die 1876 gegründet wurde. Von 1919 bis 1929 lebt García Lorca mit Unterbrechungen in Ma-

Studentenzeit in Granada und Madrid

Unternehmer: el industrial
Großgrundbesitzer: el terrateniente
umziehen nach: trasladarse a
prägen: marcar
bei jdm. hören: ser alumno/alumna de alg.
laizistisch: laico/a
Reformbewegung: el movimiento reformador

drid in der *Residencia de estudiantes*, einem Ableger der *Institución Libre de Enseñanza*. In dieser Zeit schließt er Bekanntschaft mit Dichtern, die als »Generation von 1927« bekannt geworden sind. Dennoch bleibt Granada weiterhin sein Lebensmittelpunkt. Im Jahre 1922 organisiert er dort während eines längeren Aufenthalts zusammen mit Manuel de Falla und anderen Granadiner Freunden einen *Cante-Hondo*-Wettbewerb (Gesangsform des *Flamenco*). Im selben Jahr schließt er auch sein Jura-Studium ab. 1923 kehrt er nach eineinhalbjähriger Abwesenheit nach Madrid zurück. Dort schließt er eine enge Freundschaft mit dem Maler Salvador Dalí und dem späteren Filmregisseur Luis Buñuel.

Erste Werke

Schon 1920 erscheint sein erstes Stück *El maleficio de la mariposa* auf der Bühne. Es ist ein totaler Misserfolg. Sein nächstes aufgeführtes Stück ist *Mariana Pineda*, dessen Heldin eine Granadiner Freiheitskämpferin ist. Dieses Stück wird schon 1927 während der Diktatur Primo de Riveras (1923–30) aufgeführt und kommt sowohl beim Publikum als auch bei der Kritik gut an. Im Jahr 1928 erscheint dann das Werk, das ihn sofort berühmt macht: der *Primer romancero gitano*. Jedoch wird das Werk von seinem Freund Salvador Dalí als Verrat an der Moderne betrachtet, da es zu traditionell und in Allgemeinplätzen verhaftet sei. Die Distanzierung zwischen Lorca und Dalí ist nicht mehr aufzuhalten. 1929

Misserfolg: el fracaso
Freiheitskämpfer/Freiheitskämpferin: el luchador / la luchadora por la libertad
Distanzierung: el distanciamiento

reist Dalí nach Paris und García Lorca nach New York und Kuba. Dort entstehen die Gedichtsammlung *Poeta en Nueva York* und das Drama *El público*, die beide erst nach seinem Tod veröffentlicht werden.

»La Barraca«

García Lorca kehrt 1930 nach Spanien zurück. 1931 begründet er dann mit Studenten der Universität Madrid die Theatergruppe »La Barraca«, die mit ihren klassischen Theateraufführungen durch ganz Spanien reist. Diese Truppe wurde von der republikanischen Regierung im Rahmen der volkspädagogischen Arbeit finanziell getragen. Ziel war es, die Kultur in den ländlichen Raum zu bringen. Aufgeführt wurden die großen Klassiker Cervantes, Lope de Vega, Calderón de la Barca und Tirso de Molina. Auch Romanzen und Eklogen (Hirtengedichte) kamen zum Vortrag.

1931 entsteht das Theaterstück *Así que pasen cinco años*, das aber zunächst als unaufführbar gilt. García Lorca bereitet allerdings im Jahr 1936 eine Uraufführung dieses Stücks für den Monat Oktober desselben Jahres vor, zu der es nicht mehr kommen wird. Das Stück wird erst 1959 in Paris uraufgeführt.

Spätere Theaterstücke

Die großen Erfolge erlebt García Lorca mit seinen beiden Stücken, die im ländlichen Raum angesiedelt sind: *Bodas de sangre* (1933) mit dem Thema der die Gesellschaft in Frage stellenden Macht der Leidenschaft und *Yerma* (1934) mit dem Thema der unfruchtbaren Frau. Mit *Bodas*

Theateraufführung: la representación de teatro
unaufführbar: irrepresentable

Federico García Lorca, 1934
Lorca widmete das Foto seinen Eltern: *A Papá y a Mamá – Besos de su Federico.*

de sangre erzielt García Lorca auch große Erfolge in Südamerika. Die Uraufführung von *Yerma* fällt in das »Bienio negro«, in dem die Konservativen wieder die politische Macht errungen haben. Zu dieser Zeit gilt García Lorca schon als »linker Autor«, auch wenn von expliziter politischer Parteinahme in seinen Stücken nicht gesprochen werden kann. 1935 gelangt ein weiteres Stück zur Aufführung, das beim Publikum großen Anklang findet: *Doña Rosita la soltera o El lenguaje de las flores*. Hier ist das Thema die ewige Verlobte, die ihr Leben mit Warten verbringt und dabei verwelkt.

Neuwahlen und Militärputsch

Im Februar 1936 finden nach zwei Jahren rechtskonservativer Regierung Neuwahlen zum Parlament statt. García Lorca bekundet öffentlich seine Unterstützung der Volksfront, einer im Januar desselben Jahres gebildeten Vereinigung linker und linksliberaler politischer Kräfte, die dann die Wahlen im Februar 1936 gewinnt. Zur gleichen Zeit schreibt er an drei Theaterstücken, darunter auch *La casa de Bernarda Alba*, dem dritten Stück der sogenannten *Trilogía rural*. Es erscheint erst nach dem Tod des Dichters.

Als im Juli 1936 die politischen Spannungen zunehmen, zieht sich García Lorca am 13. des Monats nach Granada zurück. Nach dem Militärputsch am 18. Juli fällt die Stadt in die Hände der Nationalen (*los Nacionales*). Der Schwager von García Lorca, der sozialistische Bürgermeister Fernández Martínez, wird verhaftet. García Lorca flüchtet in das Haus seines Freundes, des Dichters Luis Rosales, dessen

verwelken: marchitarse
Militärputsch: el golpe militar

Familie Mitglied der Falange ist. Er denkt, dort in Sicherheit zu sein, da die Falange zu den Unterstützern des Militärputsches gehört. Dennoch wird er von einem Mitglied der CEDA (*Confederación Española de Derechas Autónomas*), Ramón Ruiz Alonso, verraten und dann verhaftet. Trotz Protesten der Familie Rosales und mehrerer Falangisten bei dem Militärgouverneur von Granada, Antonio Gómez Espinosa, wird García Lorca am 19. August 1936 in der Nähe von Víznar zusammen mit anderen Verhafteten ermordet.

Verrat und Ermordung

zu den Unterstützern von etwas/jdm. gehören: apoyar algo / a alg.

7. Rezeption

Popularität

Heute gehört Federico García Lorca zu den berühmtesten spanischen Dichtern überhaupt. Dazu hat besonders sein *Romancero gitano* beigetragen. Von den Dramen García Lorcas gehören vor allem *Bodas de sangre* und *La casa de Bernarda Alba* zu den weltweit am häufigsten aufgeführten. Im deutschen Sprachraum ist García Lorca der meistgespielte spanische Autor und *La casa de Bernarda Alba* sein meistgespieltes Stück. Die Vielfalt der Interpretationsmöglichkeiten macht das Stück bis heute für Inszenierungen interessant, kann es doch, wie bei der Interpretation gezeigt, politisch gelesen werden als Bild für das von Franco unterdrückte Spanien, aber auch als Ausdruck des Kampfes des Individuums für sexuelle Selbstbestimmung, als Darstellung der Unterdrückung der Frau oder der Situation des Menschen überhaupt.

Aufführungen im Franco-Spanien

Zur Uraufführung gelangte dieses 1936 vollendete Stück erst 1945 in Buenos Aires mit Margarita Xirgu, einer Freundin García Lorcas, die Spanien wegen der Franco-Diktatur verlassen hatte, in der Rolle der Bernarda. García Lorca wurde im Spanien der 40er Jahre im Unterschied zu z. B. Antonio Machado bis auf wenige Ausnahmen totgeschwiegen. Erst 1950, mit der Erstaufführung von *La casa de Bernarda Alba* im experimentellen Theater »La Carátula« in Madrid, beginnt eine allmähliche Normali-

Inszenierung: la puesta en escena
totschweigen: silenciar

sierung der Rezeption García Lorcas in Spanien. Trotz der äußerst positiven Resonanz in einer Rezension in der Zeitung *ABC* vom 22. März 1950 erlaubten die Zensur-Behörden nur eine einzige Aufführung. Die nächste Aufführung in der Franco-Zeit fand dann erst wieder 1964 im »Teatro Goya« in Madrid unter der Regie von Juan Antonio Bardem statt. Dennoch kann das Jahr 1950 als Beginn der Rezeption García Lorcas im Franco-Spanien gesehen werden, da ab diesem Jahr nun auch in Spanien mehrere Studien über sein Werk erscheinen (vgl. Wahnón, 1995).

Das Totschweigen García Lorcas in den 40er Jahren resultiert aus der Feindschaft der Falange gegen ihn und sein Werk, die schon in den 30er Jahren der Republik zu spüren war. So sah man bereits in der Aufführungspraxis von Lorcas Theatergruppe »La Barraca« von Lope de Vegas Drama *Fuente Ovejuna* einen Aufruf zum Aufruhr und einen Angriff auf das nationale Ideal der spanischen Einheit (Wahnón, 413). In der Franco-Zeit ist speziell *La casa de Bernarda Alba* das von den Zensurbehörden am meisten abgelehnte Werk García Lorcas. Der Hauptgrund war die in dem Drama wahrgenommene enthemmte weibliche Sexualität. Das Drama wurde als Verstoß gegen die »ewigen Werte« gesehen (Neuschäfer, 141).

Gesamtwerk

Über das Jahr des Erscheinens der ersten Gesamtausgabe des Werkes von García Lorca in Spanien gibt es verschiedene An-

Aufführungspraxis: los montajes, las representaciones
Aufruhr: el motín
ablehnen: rechazar
enthemmt: desenfrendo/a

gaben, die von 1957 bis 1968 gehen. Richtig ist, dass die erste Gesamtausgabe seines Werkes in Spanien 1954 in Madrid im Verlag Aguilar erschien. Vorher gab es schon eine Gesamtausgabe in Argentinien im Verlag Losada (8 Bände, 1938–46). Inzwischen gibt es Übersetzungen seines Werkes in mehr als 20 Sprachen.

Seit Francos Tod gehört García Lorcas Werk in Spanien in den Schulen zum literarischen Kanon. Besonders häufig werden Gedichte des *Romancero gitano* und von den Theaterstücken die Werke *Bodas de Sangre*, *Yerma* und *La casa de Bernarda Alba* gelesen. Daher gibt es eine Vielzahl von kommentierten Einzelausgaben dieser Werke für den Schulunterricht, insbesondere auch von *La casa de Bernarda Alba*.

Übersetzung ins Deutsche

Die Übersetzung von García Lorcas Werk ins Deutsche ist eng mit dem Übersetzer Enrique Beck verknüpft. Dessen Übersetzungen hatten einen wesentlichen Anteil an der weiten Verbreitung der Gedichte und auch der Dramen im deutschen Sprachraum. Allein von 1947 bis 1961 steht *Bernarda Albas Haus* in der Beckschen Übersetzung in 42 von 76 Theatern der Bundesrepublik, der DDR, der Schweiz und Österreich auf dem Spielplan (Lorenz, 292–294). Enrique Beck erwarb von der Familie García Lorcas 1946 das Alleinübersetzungsrecht ins Deutsche und somit auch das Recht auf erhebliche Tantiemen. Becks Übersetzungen stießen immer wieder auf vehemente, zum Teil

literarischer Kanon: los programas escolares de literatura
Verbreitung: la divulgación
auf dem Spielplan stehen: estar en cartel, representarse

völlig überzogene Kritik, bis schließlich der Suhrkamp-Verlag das Recht auf Neuübersetzungen erstritt. 2007 erschienen die Theaterstücke neu übersetzt von Thomas Brovot, Hans Magnus Enzensberger, Susanne Lange und Rudolf Wittkopf.

Aufführungen und Bearbeitungen

La casa de Bernarda Alba ist das weltweit am häufigsten aufgeführte Theaterstück von García Lorca. Wir finden es gleichermaßen im Repertoire von Schul- und Studententheatern wie dem von renommierten Bühnen. Es ist auch mehrfach verfilmt und als Ballett aufgeführt worden. Schon früh gab es darüber hinaus Fernsehinszenierungen. Bernarda wird keineswegs immer von einer Frau dargestellt, sondern gelegentlich auch von einem Mann. Z.B. 1976, also ein Jahr nach dem Tod von Franco, mit dem Schauspieler Ismael Merlo in der Rolle der Bernarda Alba in einer Inszenierung von Ángel Facio. 2009 wurde das Werk in Santander als Oper mit der Musik von Miguel Ortega uraufgeführt.

Aktuelle Aufführungspraxis

Auch auf deutschen Bühnen gehört *Bernarda Albas Haus* fest zum Repertoire. Berühmte Regisseure wie Hans Neuenfels und Frank Castorf haben das Werk inszeniert. Beate Hörr (1997) stellt einen Wandel in der Geschichte seiner Rezeption im deutschen Theater fest. In den 50er und 60er Jahren herrschen realistisch-naturalisti-

verfilmen: llevar a la pantalla
Bühne: hier: el teatro
Repertoire: el repertorio

sche Aufführungen vor, die sich im Bühnenbild und sonstigen Vorgaben genau an die Lorcaschen Regieanweisungen halten. Ab den 70er Jahren dominiert das »Regietheater«, das mit den Vorgaben des Textes frei umgeht. Als besonders eindrückliche Inszenierung in dieser Richtung ist die Aufführung im Schauspielhaus Leipzig 1994 unter der Regie von Konstanze Lauterbach zu nennen.

Gegenstand der Literaturwissenschaft

Der ungeheure Erfolg des Stücks spiegelt sich auch in der Menge der literaturwissenschaftlichen Auseinandersetzungen. So veranstaltete Ricardo Doménech im Jahr 1984 im »Teatro Español« in Madrid einen Kongress zum Thema: »*La casa de Bernarda Alba* y el teatro de García Lorca«. Die verschiedenen Aspekte des Dramas, die dabei Gegenstand der Vorträge waren, zeigen die reichen Interpretationsmöglichkeiten gerade dieses Stücks von García Lorca. Sie reichen von der Fragestellung nach dem Realismus des Werks und seinen politischen Implikationen bis hin zu seiner poetischen, symbolischen und mythischen Deutung. Viele weitere wissenschaftliche Kongresse waren dem Gesamtwerk García Lorcas gewidmet. *La casa de Bernarda Alba* war dabei zumeist Thema von einem oder zwei Vorträgen, so z. B. 1996 beim Casteler Colloquium zu García Lorca im deutschen Sprachraum mit dem Vortrag von Beate Hörr zu »Lorcas Tragödie *Bernarda Albas Haus* auf deutschen Bühnen«. Auf diesem Kongress betonte allerdings Gustav Siebenmann, dass die Literaturwissenschaft in Bezug auf García Lorca »seit einiger Zeit merkwürdig still geworden« sei, was er daran festmachte, dass

Regietheater: el teatro de director

auf hispanistischen Kongressen das Lorcasche Werk inzwischen weniger besprochen werde als das anderer zeitgenössischer spanischer oder hispanoamerikanischer Dichter und dass es auch in den letzten Jahren von Hispanistenseite weniger Monographien und Aufsätze zu García Lorca gebe. Ein weiterer vielbeachteter Kongress zu García Lorca wurde zum hundertsten Geburtstag des Dichters 1998 von der Universität Würzburg veranstaltet. Auch hier war ein Vortrag *La casa de Bernarda Alba* gewidmet. Bei dem Kongress »Federico García Lorca. Clásico moderno«, der ebenfalls 1998 in Granada stattfand, befasste sich kein Beitrag mit diesem Theaterstück.

Das Werk García Lorcas ist zwar in letzter Zeit für die Literaturwissenschaft etwas in den Hintergrund getreten, aber die Popularität seiner Theaterstücke, insbesondere die von *La casa de Bernarda Alba*, ist auf den Bühnen weltweit noch immer ungebrochen.

8. Temas de trabajo

1. Contenido
1.1 Describe la situación en la casa después de la muerte del marido de Bernarda Alba.
1.2 Resume los acontecimientos dentro de la casa.
1.3 Resume los acontecimientos fuera de la casa.
2. Los personajes
2.1 Organiza a los personajes en grupos: visibles, invisibles, femeninos, masculinos y determina a qué clase social pertenecen.
2.2 Compara a Bernarda y Adela buscándo analogías y diferencias entre ambas.
2.3 Determina el papel de María Josefa.
2.4 Analiza el comportamiento de La Poncia con las diferentes protagonistas de la obra (las hijas de Bernarda Alba, Bernarda).
3. La estructura de la casa de Bernarda Alba
3.1 Explica en qué sentido la estructura de la obra corresponde a la estructura clásica de un drama en general.
3.2 Enumera los elementos repetitivos y su implicación dramática.
3.3 Haz un esquema de la estructura circular de la obra.
4. Lenguaje
4.1 Estudia el lenguaje poético de la obra (símbolos y metáforas).
4.2 Analiza los elementos del lenguaje popular y coloquial que hay en la obra.
4.3 Explica qué actos comunicativos verbales (reproches, insultos, órdenes, informaciones) y no verbales predominan en los diálogos entre los personajes.

5. Interpretación

5.1 Explica la ambigüedad de la estructura antitética y su impacto para la interpretación de la obra.

5.2 Describe las relaciones hombre – mujer que encontramos en *La casa de Bernarda Alba.*

5.3 Libertad y autoritarismo: ¿Quiénes son sus representantes en la obra?

5.4 Describe la sociedad en la que viven Bernarda y sus hijas y explica las normas que rigen en esa sociedad.

6. El autor y su tiempo

6.1 Haz un resumen de la vida y obra de García Lorca en el contexto de la época.

7. La recepción de *La casa de Bernarda Alba*

7.1 Explica cuál puede ser la razón del éxito de *La casa de Bernarda Alba* en los teatros del mundo entero.

8. Tarea de escritura/redacción

8.1 Compara los episodios de Adelaida, Paca la Roseta y la hija de la Librada y analiza su función en el drama.

8.2 Ponte en el papel de Angustias y en vez de hablar con Bernarda escríbele una carta a Pepe el Romano después de vuestra última cita en la que él se comportó de manera muy extraña (64,19–65,10).

8.3 Escribe la respuesta de Pepe el Romano a la carta de Angustias.

8.4 Haz un esbozo de un cuarto acto que tiene lugar 10 años después.

9. Lektüretipps

Textausgaben

García Lorca, Federico: La casa de Bernarda Alba. Hrsg. v. Michael Völpel. Stuttgart: Reclam, 2004 [u. ö.]. (Reclams Universal-Bibliothek. 9129.) – *Nach dieser Ausgabe wird zitiert.*

López García, José Ramón (Hrsg.): Federico García Lorca. La casa de Benarda Alba. Edición, introducción y análisis de la obra. Barcelona: Vicens Vives, 2008. (Clásicos Hispánicos.)

Leben und Werk

García Lorca, Francisco: Federico y su mundo. Madrid: Alianza Editorial, 2. Aufl. 1981.

Genschow, Karen: Federico García Lorca. Berlin: Suhrkamp, 2011. (Suhrkamp Basis Biographie.)

Michaelis, Rolf: García Lorca. Velber bei Hannover: Friedrich Verlag, 1969. (Friedrichs Dramatiker des Welttheaters. Bd. 60.)

Morla Lynch, Carlos: En España con Federico García Lorca. [Sevilla]: Editorial Renacimiento. 2ª ed. rev., 2008 (Reedición de la edición de 1958).

Rogmann, Horst: García Lorca. Darmstadt: Wissenschaftliche Buchgesellschaft, 1981. (Erträge der Forschung. Bd. 158.)

Zum Tod von García Lorca und der Freundschaft mit Luis Rosales:

Díaz de Alda Heikkilä, Ma. Carmen: Rosales y García Lorca: Historia de una amistad. Desde los *Versos del combatiente* a *Nueva York después de muerto.* In: *Luis Rosales,* monográfico de la revista Espéculo (Revista Electrónica de Estudios literarios). Mayo 2012. http://pendientedemigracion.ucm.es/info/especulo/rosales/mc_diazdealda.html

Rezeption

Hörr, Beate: Lorcas Tragödie »Bernarda Albas Haus« auf deutschen Bühnen. In: Rudin, Ernst (Hrsg.): Übersetzung und Rezeption García Lorcas im deutschen Sprachraum. Kassel: Reichenberger, 1997. S. 83–97.

Ingenschay, Dieter: Frauenpower unspanisch-postmodern. Zu Konstanze Lauterbachs Inszenierung von F. García Lorca, La Casa de Bernarda Alba, in Leipzig. In: H.-J. Diller / U. Ketelsen (Hrsg.): Gewalt im Drama und auf der Bühne. Festschrift für G. Ahrends. Tübingen: Narr, 1998. S. 59–72.

Lorenz, Günter W.: Federico García Lorca. Karlsruhe: Stahlberg, 1961. S. 292–296: Aufführungen in deutscher Sprache in der Übertragung von Enrique Beck bis Februar 1961.

Marquerie, Alfredo: Una representación del Teatro de Ensayo la Carátula. Estreno de »La casa de Bernarda Alba«, de García Lorca. In: ABC 22.3.1950. S. 21.

Wahnón, Sultana: La recepción de García Lorca en la España de la posguerra. In: Nueva Revista de Filología Hispánica XLIII (2/1995). S. 409–431. http://aleph.academica.mx/jspui/bitstream/56789/27031/1/43-002-1995-0409.pdf

La casa de Bernarda Alba

Doménech, Ricardo: Símbolo, rito y mito en La casa de Bernarda Alba. In: Doménech 1985. S. 187–209.

Doménech, Ricardo (Hrsg.): La casa de Bernarda Alba y el teatro de García Lorca. Madrid: Catedra [u. a.], 1985.

Fernández-Cifuentes, Luis: García Lorca y el teatro convencional. Iberoromania 17,1983. S. 66–99.

Floeck, Wilfried: Federico García Lorca. La casa de Bernarda Alba. In: Roloff, Volker: Das spanische Theater. Vom Mittelalter bis zur Gegenwart. Düsseldorf: Schwann-Bagel, 1988. S. 370–384.

García Lorca, Francisco: La casa de Bernarda Alba. In: ders.:

Federico y su mundo. Madrid: Alianza Editorial, 2. Aufl. 1981. S. 372–397.
García Posada, Miguel: La casa de Bernarda Alba. In: ders.: Federico García Lorca. Madrid: EDAF, 1979. S. 146–151.
Junkerjürgen, Ralf: Figurenkonstellation als Lebensalter-Darstellung in La casa de Bernarda Alba In: Text – Interpretation – Vergleich: Festschrift für Manfred Lentzen zum 65. Geburtstag. Hrsg. von Joachim Leeker, Manfred Lentzen, Elisabeth Leeker. Berlin: Erich Schmidt Verlag, 2005. S. 513–523.
Neuschäfer, Hansjörg: Los dramas de Lorca y el huis clos de la censura. Una lectura política de La casa de Bernarda Alba. In: Th. Berchem, H. Laitenberger (Hrsg.): Federico García Lorca. Actas del coloquio internacional. Würzburg 1998. Sevilla: Fundación El Monte, 2000. S. 133–144.
Rincón, Carlos: La casa de Bernarda Alba. Symbol des gesellschaftlichen Hauptwiderspruchs. In: ders.: Das Theater García Lorcas. Berlin: Rütten & Loening, 1975. S. 303–324.
Rogmann, Horst: Federico García Lorcas Theater: Variationen eines Themas. In: Floeck, Wilfried (Hrsg.): Spanisches Theater im 20. Jahrhundert: Gestalten und Tendenzen. Tübingen: Franke, 1990. S. 135–153.
Rubia Barcia, J.: El realismo mágico de La casa de Bernarda Alba. In: Ildefonso M. Gil (Hrsg.): Federico García Lorca. Madrid: Taurus, 3. Aufl. 1980, S. 383–403.

Dramentheorie

Aristoteles: Poetik. Stuttgart: Reclam, 1961. (Reclams Universal-Bibliothek. 2337.)
Pfister, Manfred: Das Drama. Theorie und Analyse. 11. Aufl. München: Fink, 2001. (UTB.)

Internet-Adressen

Fundación Federico García Lorca: http://www.García-lorca.org/
Heinrich Enrique Beck-Stiftung: http://www.beck-stiftung.ch/
Baker, Armand F.: Lorca's La casa de Bernarda Alba and the lack of psychic integration. Ohne Jahr. http://www.armandfbaker.com/lorca_alba.pdf (11.3.2013)

Im vorliegenden Lektüreschlüssel habe ich S. 1–5 meines LEU-Heftes: Renate Mai: Federico García Lorca, »La Casa de Bernarda Alba«. Interpretation des Dramas und seine Behandlung im GK Spanisch. Materialien Spanisch SP 12. Stuttgart: Landesinstitut für Erziehung und Unterricht, 1992 (vergriffen), verwendet.

Raum für Notizen